한국교회사의 뒤안길

한국교회의 역사와 전통, 그리고 신앙과 고백

한국 교회사의 뒤안길

발행 2015년 7월 25일

지은이 이상규
발행인 윤상문
디자인 여수정
발행처 킹덤북스
등록 제2009-29호(2009년 10월 19일)
주소 경기도 용인시 기흥구 동백동 백현마을 코아루 아파트 2204동 204호
문의 전화 031-275-0196 팩스 031-275-0296

ISBN 978-89-94157-92-4 (03230)

Copyright ⓒ 2015 이상규
이 책은 저작권법에 따라 보호받는 저작물이므로 무단전재와 복제를 금지하며,
이 책의 내용의 전부 또는 일부를 이용하려면 반드시 저작권자와 킹덤북스의 서면 동의를 받아야 합니다.

※ 잘못된 책은 구입하신 곳에서 교환하여 드립니다.
※ 책 가격은 표지 뒷면에 있습니다.

킹덤북스 Kingdom Books
킹덤북스(Kingdom Books)는 문서사역을 통해 하나님의 나라를 확장하고,
한국 교회와 세계 교회를 섬기고자 설립된 출판사입니다.

한국교회사의 뒤안길

한국교회의 역사와 전통, 그리고 신앙과 고백

이상규 지음

킹덤북스

서문

이번에 한국 교회사의 뒷이야기들을 모은 작은 책을 펴내게 되었다. 뒤돌아보면 한국 교회에는 이웃과 함께 나눌 이야기꺼리가 풍성하다. 서양교회의 역사에 비하면 짧은 역사이지만 한국 교회의 산과 계곡에도 아름다운 꽃과 나무가 있고, 이웃과 함께 나눌 은혜로운 이야기가 여기 저기 흩어져 있다. 높은 산이 아니어도 좋다. 아름드리 나무가 없어도 좋다. 나지막한 산에도 산봉우리가 솟아있고, 능선을 따라 내려가다 보면 계곡이 있듯이 역사가 짧은 한국 교회의 산야에도 야생화가 피어있고 산새들이 안식을 얻는다. 사람의 손길이 미치지 못한 저 먼 곳에는 들꽃 향기가 가득하다. 산자락 푸른 숲에는 신선한 공기도 있다.

실로 한국 교회 산야에 흩어져 있는 나무와 꽃, 산새들의 노래, 그리고 이곳 저곳에 감추어진 이야기들은 너무 많다. 물론 대수롭지 않는 이야기 일 수도 있다. 그러나 적어도 나에게는 한국 교회의 소중한 이야기들이다. 같은 대상이지만 인식하는 사람에 따라 느낌이 다를 수 있겠지만 나에게는 흥미롭고 소중한 이야기들이다.

이 책에 포함된 글 대부분은 대한예수교장로회(고신) 총회가 발간하는 「월간 고신」에 발표되었던 글이다. 당시 편집인으로부터 일반 성도들이 궁금해 하는 한국 교회 이야기를 평이하게 써 달라는 부탁

을 받고 1996년 11월호에서부터 1998년 12월까지 2년간 연재했는데, 이 글을 약간 수정하고 그 후에 쓴 몇 편을 추가하였다.

  이 책은 크게 4부로 구성되어 있지만, 각기 독립적인 글이기 때문에 차례대로 읽지 않아도 되고 주제에 따라 선택하여 읽어도 상관없다. 제1부에서는 한국 교회 역사를 간략하게 정리했다. 한국 교회 역사의 대강을 이해할 수 있도록 쓴 것으로써 이 책의 서론에 해당한다.

  제2부에서는 한국 교회 초기사에 해당하는 이야기들, 곧 선교지 한국, 한국에서의 전도자들과 첫 수세자들, 성경번역과 찬송가 편찬에 얽힌 이야기들을 소개했다.

  제3부는 우리가 궁금해 하는 한국 교회의 고유한 신앙전통의 시원을 소개했다. 학습제도, 새벽기도, 금주단연, 날연보, 성미제도, 예배당 양식과 교회 종, 그리고 기독교식 결혼식과 신분타파 등 사회변화에 얽힌 이야기를 소개했다.

  제4부 '신앙과 고백'에서는 한국에서 기독교적 가치를 실현했던 네 선교사들의 이야기와 함께 네 사람의 한국인이 살아간 삶의 뒤안길을 헤쳐가며 신앙적 삶과 헌신, 정겨운 노래에 얽힌 뒷이야기를 소개했다.

　이 책은 여러 가지 면에서 부족하다. 그럼에도 불구하고 한국 교회사의 역사와 전통, 신앙과 고백, 그리고 믿음으로 살았던 거룩한 삶의 향기를 함께 나눌 수 있다면 얼마나 좋을까? 이 책이 하나님을 사랑하고 한국 교회를 사랑하며 믿음으로 살고자 하는 이들에게 작은 위안을 줄 수 있다면 이 책의 소임을 다한 것이다.

2015년 7월 20일

이상규

차 례

서문   5

제 1 부
한국에서의 교회, 그 역사의 현장

01. 기독교의 한국 전래   13
02. 한국 교회의 조직   16
03. 선교정책과 교육, 의료활동   17
04. 일제 하에서의 교회   19
05. 신학의 변화   23
06. 해방 후의 교회   24

제 2 부
한국 교회사의 뒤안길

01. 미지(未知)의 나라로   29
02. 구도자의 길   35
03. 무명의 전도자들 1   40
04. 무명의 전도자들 2   44
05. 첫 수세자들 1   50
06. 첫 수세자들 2   55
07. 한글 성경은 어떻게 번역되었을까?   61
08. 우리나라의 첫 교회 소래교회의 설립   67
09. 이수정과 일본에서의 성경번역   71
10. 한국 교회의 찬송가   76

제 3 부
한국 교회 신앙과 전통

- 01. 학습제도는 어떻게 시작되었을까? 83
- 02. 새벽기도회는 어떻게 시작되었을까? 88
- 03. 어떻게 금주, 단연이 한국 교회 전통이 되었을까? 94
- 04. 금주, 단연 운동과 금주가(禁酒歌) 99
- 05. 절제 운동과 금주, 단연 운동 104
- 06. 날연보(日捐補)는 어떻게 시작되었을까? 109
- 07. 성미제도는 어떻게 시작되었을까? 115
- 08. 한국 교회 직분의 기원 122
- 09. 한국 교회 초기 예배당 양식 131
- 10. 교회 종(鍾) 137
- 11. 초기 한국 교회에서의 권징 142
- 12. 최초의 기독교식 결혼식 147
- 13. 사무엘 무어와 백정해방운동 153
- 14. 진주에서의 백정해방운동 158

제 4 부
한국 교회 신앙과 고백

- 01. 미지의 땅을 향하여: 게일과 그의 아버지 167
- 02. 펜윅 선교사와 '예수 사랑하심' 171
- 03. 왕길지 선교사와 '내 주는 강한 성이요' 176
- 04. 한국 교회 초기 복음성가들 180
- 05. 닥터 홀과 크리스마스 씰 187
- 06. 맹인 전도자 백사겸 193
- 07. 자선을 행한 여성, 백선행 200
- 08. 김메리 여사와 '학교종이 땡땡땡' 206
- 09. 장수철 선생과 '탄일종' 211

참고문헌 219

제 1 부

한국에서의 교회, 그 역사의 현장

01. 기독교의 한국 전래
02. 한국 교회의 조직
03. 선교정책과 교육, 의료활동
04. 일제 하에서의 교회
05. 신학의 변화
06. 해방 후의 교회

●

우리 민족의 역사와 가슴 속에 남아 있는 신앙의 흔적들, 그 영광과 고난의 자취들, 그리고 그 여정 속에 아로새겨진 한국 교회에 관한 우리들의 이야기를 시작하기 전에 우선 한국 교회의 기원에 대해 간단하게 정리해 두는 것이 좋을 것 같다. 앞으로의 우리들의 여행을 위한 안내가 될 수 있기 때문이다.

01. 기독교의 한국 전래

기독교가 우리나라에 처음 소개된 때는 언제였을까? 이 점에 대해서는 3갈래의 설명이 있어왔다. 첫째는 고대 기독교 전래설인데 우리가 생각하는 것보다 훨씬 앞선 기원 1세기부터 기독교와의 접촉이 있었다는 주장이다. 이 보다 후기인 3세기경에 기독교가 전래된 것으로 보는 이도 있지만 이런 주장은 실증적으로 고증된 바는 없다. 그러나 기원전 1세기 당시 로마가 중국의 실재를 인식하고 있었다는 사실을 감안해 보면 기원전 1세기경에도 동서간의 교류가 있었음을 반증해 준다. 따라서 기독교와의 접촉이 전혀 불가능한 것은 아니었다.

그러나 8세기경의 중국을 징검다리로 한 경교(景敎, Nestorian)의 전래설은 상당한 설득력을 지니고 있다. 경교의 신라시대전래설(新羅時代傳來說)을 주장하고 이를 실증적으로 논구한 바 있는 오윤태 박사는 8세기경의 경교의 전래를 확신했다. 만일 8세기경 경교가 우리나라에 소개되었다면 한국기독교의 역사는 1-2백년 정도가 아니라 1천 2백년 전으로 거슬러 올라가게 된다. 여러 가지 점에서 볼 때, 경교의 전래는 분명한 것으로 보이지만 어떤 문헌도 이 점을 확신시켜 주고 있지는 않다. 또 경교가 전래되었다 하더라도 그 신앙 유산이 지금 우리들의 의식과 문화 속에 남아 있지 않다는 점에서 특별한 의미는 없다.

둘째는 천주교의 전래인데, 한국과 천주교와의 최초의 접촉은 1593년으로 알려져 있다. 기독교가 비유럽지역에 전파된 것은 15세기 신대륙의 발견으로부터 시작되지만 새로운 대륙에 대한 관심은 항로 개척을 가져왔고, 이동로가 확보된 다음에는 무역을 매개로 하여 교류가 이루어졌다. 이런 동서간의 교류의 틈 속에서 기독교는 비구라파 세계로 전파되기 시작했다. 15세기 이후의 지리상의 발견은 세계관의 변화를 가져왔고 세계선교의 길을 열어갔다. 종교개혁이 일어난 16세기 동안에는 천주교 국가인 프랑스, 이탈리아, 에스파냐 등이 해상권을 장악하고 있었으므로 개신교의 선교운동은 사실상 불가능했다. 16세기 천주교는 소위 반종교개혁(Counter-Reformation)을 통해 해외선교지 개척을 시작하였다. 그 결과 일본에는 16세기 중엽에 이미 천주교가 소개되었다. 임진왜란이 일어난 이듬해인 1593년에는 스페인 신부 세스페데스(Gregorio de Cespedes)가 내한함으로써 천주교와의 접촉이 시작되었다. 그 후에도 천주교와의 간헐적인 접촉이 있었다. 예컨대, 1636년(인조 14년) 병자호란을 통한 천주교와의 접촉, 17세기 후반부터 시작된 중국과의 교섭과 실학파들을 통한 접촉이 그것이다. 처음에는 천주교를 서양학문으로 이해하였지만 차츰 종교적 성격을 인식해 가기 시작하였다. 이런 여러 접촉의 과정을 거쳐 1784년에는 이승훈이 영세를 받고 서울 명례동에서 공식적인 첫 집회를 시작하였다. 이것은 흔히 한국에서의 천주교회의 기원으로 알려져 있다. 천주교는 조선왕조에 대한 외세의 침략세력으로 규정되었고, 또 여러 정치적 사건과 연루됨으로써 심한 박해를 받기도 했다.

셋째는 개신교와의 접촉인데, 개신교와의 접촉은 서세동점(西勢東漸)의 과정에서 19세기 이후 간헐적으로 이루어졌다. 우리나라를 향한 하나님의 경륜 앞에서 조선의 해묵은 쇄국의 빗장은 힘없이 무너져갔고 복음에 대한 열정으로 불탔던 젊은이들에 의해 선교사역이 시작되었다. 그 결과 개신교가 한국에 전래되었다.

우리 땅을 밟은 첫 개신교 선교사는 독일 루터교 목사로서 화란선교회 파송을 받은 귀츨라프였다. 그는 1832년 7월 말 내한했다. 그 이후 화란, 영국인에 의한 접촉이 있었고, 보다 직접적으로 한국 교회의 형성에 기여한 선교부는 만주지방에서 선교하던 스코틀랜드 연합장로교회 선교사들이었다. 1872년 중국 선교사로 파송된 존 로스(John Ross, 羅約翰), 멕킨타이어(McIntyre, 馬勤泰) 등은 만주에서 한국인에게 세례를 베풀었고, 한글로 성경을 번역하기 시작하였다. 그래서 1882년에는 누가복음과 요한복음이 간행되었는데, 이것이 최초의 한글 성경이었다. 1887년에는 신약성경본인 『예수셩교젼서』(Ross Version)가 간행되었다. 스코틀랜드연합장로교 선교사들은 조선에 입국할 수 없었으므로 성경번

1832년 내한 한 첫 개신교 선교사 귀츨라프

역을 통해 간접 선교를 시도했는데, 후일의 한국 교회에 크게 기여하였다.

이런 여러 접촉에도 불구하고 실제적으로 개신교의 한국 선교는 미국 북장로교(1884), 호주 장로교(1889), 미국 남장로교(1892) 그리고 캐나다 장로교회(1897)를 통해 수행되었다. 한국에서의 경우, 기독교의 전파는 일본이나 중국보다는 늦었으나 기독교의 수용(受容)은 이들 나라와는 비교할 수 없을 정도로 빨랐다. 한국은 전통적으로 타 종교에 대해 매우 배타적이었다. 그러나 개신교에 대한 반응은 어떤 나라들과도 비교되지 않을 만큼 적극적이었다.

02. 한국 교회의 조직

피선교 교회는 선교국의 영향 하에 있다는 사실은 부인할 수 없다. 한국 교회도 예외일 수 없다. 주로 미국교회로부터 복음을 받은 한국 교회는 신학, 예전, 의식 등 모든 면에서 미국교회의 영향 하에 있었다. 개항 이후 미국, 호주, 캐나다 교회 선교부에 의해 장로교가 전래되었으나 선교부 간의 합의에 따라 1907년에는 '독로회'(獨老會)가 조직되었고, 1912년에는 장로교 '총회'가 조직되었다. 이렇게 조직된 총회는 1945년 해방 때까지 하나의 장로교회를 유지하였다.

교회설립의 경우, 1883년 황해도의 송천(松川, 소래)에 첫 교회가 설립된 이래로 평양의 장대현교회, 서울의 새문안, 연동, 승동, 정동감리교회, 부산의 부산진, 초량, 제일영도교회, 대구의 대구제일교회 등

1907년 독로회 조직 기념

여러 곳에 교회가 설립되었다. 감리교회는 1901년 김기범, 김창식 두 사람을 첫 한국인 목사로 배출했으나, 장로교회는 1907년 길선주, 방기창, 서경조, 송인서, 양전백, 이기풍, 한석진 등 7인을 첫 목사로 장립하였다.

03. 선교정책과 교육, 의료활동

내한 선교사들의 가장 일반적인 선교 방법은 순회(巡廻)전도였다. 순행(巡行)전도란 여러 지역을 방문하면서 매서(賣書)활동을 통해 전도하는 방식이다. 또 다른 선교 정책은 선교지 분담 협약이다. 한국에서 여러 선교부가 함께 일할 때 인적, 재정적 낭비를 줄이고 상호 효과적인 선교를 위해 선교 담당지역을 분담했는데, 이를 선교지 분담정책 혹은 '예양 협정'(禮讓協定)이라고 부른다. 이 협정에 따라 미국 북장로교는 제령, 강계, 평양, 서울, 청주, 안동, 대구 등 평안도, 황해도, 경상북도 지역을, 미국 남장로교는 전주, 군산, 목포, 광주, 순천 등 전라도와 충청도 일부 지방을, 캐나다 장로교(후에 캐나다연합교회)는 함경도 지방과 간도 지방을, 호주 장로교는 부산과 경남 일대를 각각 담당하였다. 이 정책은 후일 한국 교회 신학과 교회조직, 교회분열에 큰 영향을 끼친 것으로 평가되어 왔다.

한국 교회는 초기부터 네비우스(Nevius)정책을 따랐는데, 이 정책은 1890년 6월 한국을 방문한 중국 산동성 지푸 주재 북장로교 선교사 존 네비우스(John Nevius)가 제시한 선교 방법이었다. 이 정책은 그의 독창적인 주장이 아니라 영국교회선교회(CMS)의 헨리 벤(Henry Venn, 1796-1873)의 주장인데, 흔히 자치(自治), 자립(自立), 자전(自傳)의 '3자 원리'(3-S formula)로 일컬어져 왔다. 한국에서 이 정책은 '3자 원리' 외에도 성경공부를 강조한 것으로 알려져 있다.

한국에 왔던 선교사들은 전도, 교육, 의료, 구제 등 네 분야에서 활동했는데, 이런 활동은 아시아, 아프리카 등 제3세계에서 유효한 방법이었고, 한국에서도 예외가 아니었다. 한국에서 선교했던 거의 모든 선교부는 시약소의 설치와 병원을 세웠고, 각종 학교를 세워 학교교육을 통한 선교운동을 수행하였다. 적어도 1945년 해방 이전까지는 기독교계의 학교와 병원이 한국사회의 교육과 의료 활동을 주도하였다. 기독교의 한국 전래는 복음의 전파만이 아니라 신분계급의 타파, 여권신장과 여성교육, 술, 담배, 아편금지운동, 미신타파, 혼례, 장례 등 이 나라 구습을 타파하고 사회를 혁신하는 데에도 상당한 기여를 했다.

04. 일제 하에서의 교회

일제의 조선 침략은 운양호사건(1875)으로 개항(1876)을 강요한 이래 점진적으로 추진되었다. 즉, 임오군란(1882), 청일전쟁(1894)을 거쳐 일본은 조선에 대한 종주권을 행사하면서 1905년에는 을사조약을 강제로 채결하고 1910년에는 '한일합방'이란 이름으로 한국을 병탄했다. 통감부는 총독부로 승격되었고, 제3대 통감 데라우찌 마사타케(寺內正毅, 1851-1919)는 초대총독으로 취임했다(1910.10.1.). 개신교가 한국에 소개된 지 불과 25년, 아직 어린 한국 교회는 일제의 지배 하에서 고난의 터널을 통과하지 않으면 안 되었다.

일제는 조선침략과 함께 집회취체령을 공포하여 모든 사회단체를 해산시키고, 치안유지를 빙자하여 경찰과 헌병대를 일원화한 조선주차헌병조례(朝鮮駐箚憲兵條例)를 발표하였다(1911.9.12.). 일본헌병을 증원하고 경찰업무를 수행하도록 조치했다. 제1대 조선주차헌병 사령관으로 아카시 모토지로(明石完二郞)가 임명되었다. 총칼에 의한 무단(武斷) 정치를 감행한 것이다.

일제의 기독교 정책은 일면 회유, 일면 탄압이었고, 기독교 정책은 일관되게 '분할을 통한 통치'(devide and control)였다. 일제는 식민통치에 방해가 되는 기독교를 어용화하든지, 아니면 교세를 약화시켜 영향력을 최소화하고자 했다. 그래서 한편으로는 기독교회와 기독교 기관을 재정적으로 후원하면서 부일 집단으로 육성코자 하였다. 초대 통감 이또오 히로부미는 외국인 선교사들을 우대하고 회유하여 대외선전에 이용하였다. 이런 회유정책 때문에 일부의 선교사들은 일제의 조선지배를 환영하였고 친일 성향을 보이기도 했다. "합방이전에는 통치체계가 혼란했으나 일본의 엄정한 시책으로 질서가 회복되었고 천연자원의 개발이 시작되었고 법질서가 확립되었다. 또 교육체계의 기초가 확립되었고 교통이 편리해졌으며 위생관념이 높아졌다."고 말한 선교사도 있었다. 미국 북장로교의 선교부 총무 브라운(Arthur Brown)은 "일본의 조선 통치는 조선이 다른 나라의 통치를 받는 것보다 훨씬 나으며 조선이 자기 손으로 통치하는 것 보다는 훨씬 좋다."며 일본의 조선지배를 찬양하기도 했다.

다른 한편, 일제는 한국 교회를 무자비하게 탄압했는데, 해서교육총회사건, 105인 사건, 1919년의 교회 탄압, 그리고 1935년 이후의 신사참배 강요가 대표적인 경우였다. 일제가 이처럼 기독교에 대한 양면정책을 통해 기독교세를 약화시키고 종국적으로 무력화하고자 했던 이유는 기독교가 당시 한국의 정신적 계도자로서의 역할을 감당하고 있었기 때문이다.

총독부 자료에 의하면, 1910년 당시 조선에는 20만 신도와 3백개 이상의 기독교학교, 3만명 이상의 재학생이 있었고, 그리고 1,900여 개의 교회(집회소)가 전국에 산재해 있었다. 지도자로서 외국인 선교사 270여 명, 조선인 교직자 2천 3백여 명이 있었고, 그 밖에 많은 병원과 고아원을 가진 강대한 조직이었다. 그것은 신앙이라는 견고한 유대로 결합되어 있었다. 기독교회는 구미의 선교사들에 의해 세계 여론과 연결되어 있었다. 이와 같은 상황에서 일제는 무엇인가 강력하고도 적절한 조치를 통감하였다. 그 결과가 기독교 탄압이었다.

1919년 3.1운동 이후 기독교에 대한 일제의 탄압은 가중되었다.

이때의 독립운동은 기독교가 중심이었다고 할 수 있을 만큼 기독교의 영향이 컸다. 독립선언서에 서명한 33인중 16명이 기독교지도자였을 뿐만 아니라 전국 중요도시에서의 만세운동은 기독교회 중심이었다. 기독교회는 삼일운동의 준비단계, 동원단계에서 25-30%의 역할을 감당한 것으로 평가되고 있다. 따라서 기독교에 대한 탄압도 컸다. 많은 기독교 신자, 목사, 장로가 투옥되거나 피살되었고, 교회당이 파괴되었다. 수원 가까이에 있는 제암리감리교회는 집단 학살의 대표적인 경우였다.

3.1운동을 통해 일제는 조선통치상의 개혁의 필요성을 절감하게 되었다. 그래서 조선총독 경질을 결정하고, 8월 12일에 새 총독으로 사이또 미노루(齊藤實) 해군대장을 임명했다. 이때부터 1931년까지 소위 문화정치(文化政治)가 시행되었다. 기독교에 대해서도 다소 완화정책이 시행되었으나 근본적인 차이는 없었다.

1931년부터 1945년 해방까지는 일본의 전쟁정책과 더불어 한국 기독교는 형극의 길을 걸어갔다. 1931년에 사이또 총독의 후임으로 우가끼(宇壇一成) 장군이 새 총독으로 임명되었다. 진보적 성향을 지닌 그는 한국 기독교와의 우호 관계를 유지하려고 하였다. 그래서 그는 선교사들의 공헌을 인정하고 그들에게 서훈(敍勳)을 내리기도 했다. 의료 선교사이며 교육자인 애비슨(O. R. Avison)은 천황으로부터 '훈사등(勳四等)'을 받았고, 1934년 초에 제국교육위원회(帝國敎育委員會)는 마포삼열(Samuel Moffett)에게 금메달을 수여하기도 했다. 이것은 앞서 언급한 바처럼 한국기독교를 회유하기 위한 것이었다.

1930년대 일본 군국주의는 세력을 확장하여 세계 정복을 의도했

한국장로교 노회장들의 평양신사 참배, 1938. 9. 10.

다. 그 첫 단계가 1931년 9월 18일 밤 남만주 봉천 근방 유조구(柳條溝) 철도 폭파였다. 이 사건을 구실로 일제는 만주침략을 감행했다. 소위 만주사변이었다. 일본은 즉시 만주를 점령하고 만주국을 세워 청조(淸朝) 최후의 황제 후예인 푸이(傳議)를 왕으로 삼았다. 다음에 9월 15일 일본은 자기들이 조작한 어용정권인 만주국을 승인했다. 이것은 전면적인 중일전쟁으로 발전하고 결국은 태평양 전쟁으로 확대되어 급속히 전시체제로 돌입하게 되었다.

1932년에는 소위 5·15사건을 일으켜 이누가이 쓰요시(大養毅) 수상을 사살하고 차례로 원로중신들을 살해하여 군국주의자들이 실권을 장악했다. 일제의 기독교 정책도 1930년대 이후 심화되었다. 그 결과 신사참배가 공식적으로 강요되기 시작했다. 1925년 남산에 조선 신궁(朝鮮神宮)이 설립된 이후 1930년대 이후 소위 일면일신사(一面一神社) 정책에 따라 전국 도처에 신사(神社) 혹은 신사(神祠)를 건립하고, 1935년 이후 신사참배를 강요하였다. 1938년 장로교 총회는 일제의 압력에 굴복하여 불법적으로 신사참배를 결의했다. 신사는 종교의식이 아니라 국민의례라는 이름으로 거행했다.

이렇게 되자 전국에서 신사참배반대운동이 일어났다. 이것을 '신사불참배운동'이라고 말한다. 2천여 명 이상이 투옥되었고, 그중 40여 명이 옥사했다. 해방 당시까지 투옥되어 있던 30여 명은 8월 17일 늦은 밤 석방되었다.

05. 신학의 변화

보통 1930년대 이전의 신학을 한국 교회 초기의 신학이라고 말하는데, 주로 선교사들의 신학을 말한다. 1930년대 이전에 내한하였던 선교사들은 대체적으로 보수적이며 복음적인 인물이었다. 장로교의 경우 전통적 웨스트민스터신앙고백서(WCF)를 따르는 역사적 기독교 신앙을 신봉하는 자들이었다. 브라운(A. J. Brown)의 논평은 이 점을 확인시켜주고 있다. 그는 1911년 이전의 주한 선교사들은 전형적인 청교도적 신앙을 지닌 선교사들로서 1세기 전 그들의 조상들이 뉴잉글랜드에서처럼 안식일을 지켰으며 술이나 담배, 그리고 카드놀이를 죄라고 인식했던 이들이라고 했다. 또 신학과 성경 비평에 대해서는 철저히 보수적이었으며, 그리스도의 재림을 확신했고 자유주의 신학을 배격했다고 평했다. 한국 교회의 초기 신학을 '철저한 근본주의', '정통적 복음주의', 혹은 '경건주의적 복음주의' 등으로 불러왔다. 이 점은 1890년에 내한한 마포삼열(Samuel A. Moffett)의 기록에서도 확인된다. 그는 1909년, 첫 25년간(1884-1909)의 한국선교를 회고하면서, "선교부와 교회는 성경은 하나님의 말씀이라는 투철한 신념과 예수 그리스도를 통해 죄로부터 구원받는다는 복음의 메시지를 믿는 열성적인 복음정신으로 특징 지워질 수 있다."고 했다.

그러나 1930년대 초부터 한국 교회에는 새로운 신학을 보여주는 조짐들이 나타나기 시작했다. 이때부터 선교사 중심의 신학에서 한국인에 의한 신학적 논구가 시작되었고, 강력한 보수주의 아성이 공격받기 시작하였다. 미국교회의 신학적 변화의 영향을 받으면서 한국 교회에도 점차 진보적 신학이 표출되기 시작했다. 1938년 1학기를 끝으로 평양의 장로교신학교는 폐쇄되었고, 1940년 서울에서 조선신학교가 개교되었다. 이 학교를 중심으로 진보적 신학은 1940년대 보다 집단화된 세력을 형성했다. 그래서 교회사가인 김양선(金良善)은 "보수주의는 붕괴되고 지금까지 저들의 손에 있던 교회의 주도권은 자유주의적 인사들에 의해 신속히 대치되었다"고 평했다.

06. 해방 후의 교회

해방은 정치적 자유만이 아니라 신앙의 자유를 얻는 역사의 분기점이 된다. 해방된 조국에서 가장 시급한 과제는 한국 교회를 재건하는 일이었다. 그러나 해방 후 한국 교회 쇄신을 위한 노력, 곧 교회쇄신운동은 좌절되었고, 신앙적 정기를 바로잡지 못했다. 일제 하에서의 친일, 부역행위자를 처단하지 못함으로 민족정기를 바로 잡지 못한 경우와 같다. 해방 이후 1950년대 초까지 한국 교회는 친일 청산, 곧 신사참배 문제 처리로 심각한 대립과 혼란을 겪었고 결국 한국 교회 분열을 가져왔다. 해방 후 한국 교회 쇄신을 위한 노력은 교권주의자들의 저항을 받았고, 급기야 고려신학교 중심의 교회쇄신론자들은 총회로부터 단절되므로, 1952년 대한 예수교 장로회 고신(高神)교단이 조직되었다. 이듬해 자유주의 신학 문제로 총회로부터 제명된 김재준(金在俊) 목사와 그 지지자들은 '기독교 장로회'라는 이름으로 분립되었다. 1959년에는 WCC 문제, 경기노회 총대권, 박형룡의 공금사기피해사건 등으로 대립하던 총회는 승동(합동)과 연동(통합)으로 분열되었다. 1912년 이래 오직 하나였던 장로교회는 해방 이후 크게 네 교단으로 분열된 것이다.

1959년 장로교 총회가 승동과 연동 측으로 분열되자, 고신측과 승동측은 교단 합동을 위한 대화를 시작했다. 즉, 1960년 9월부터 양 교단은 약 3개월 간의 대화 끝에 1960년 12월 13일 '합동'이란 이름으로 통합되었다. 그러나 불과 3년이 못되어 각기 원래의 교단으로 환원하였다. 결과적으로 한국장로교회는 다시 4개 교단으로 분리되었다.

6.25 전쟁은 한국 교회에서의 또 하나의 비극이었다. 자유민주주의와 공산주의로 분단된 남북한의 대결은 국제, 정치 질서의 희생의 결과였다. 이 기간에도 한국의 많은 신자들은 공산주의에 의해 순교의 길을 갔다.

전쟁 후 혼란을 틈타 박태선, 문선명 등 이단이 출현했다. 이단의 출현, 각종 불건전한 주관적 신비운동, 탈 역사적 은둔주의 신앙은 한국 교회에 혼란을 가중시켰다. 그러나 1960년대 이후 기독교 출판 운동, 기독교 방송국의 설립 등 기독교 문화운동이 일어났다. 1970년대 한국기독교는 또 한 차례 교회성장을 경험했다. 이와 함께 해외선교, 성경공부, 제자화 운동 등 신앙의 내적 성숙을 이루게 된다. 이것은 양적 성장에 대한 반성의 결과였다. 또 한국 교회의 신학의 모색이라고 할 수 있는 민중신학(民衆神學)이 대두되었다.

이제 우리는 한국 교회사의 뒤안길을 헤쳐가며 우리 민족의 가슴 속에 남아 있는 신앙의식, 예배와 예전, 교회생활, 그리고 한국 교회의 특징적인 모습을 살펴보고자 한다. 모든 민족은 제각기 고유한 정서를 지니고 있다. 그래서 각기 다른 역사적 배경, 민족의식, 교회적 전통을 누리고 있으므로 우리의 역사에는 우리만이 맛볼 수 있는 그 독특한 감(소재)과 멋(풍유)과 맛(정신)이 있을 수밖에 없다.

제 2 부

한국 교회사의 뒤안길

01. 미지(未知)의 나라로
02. 구도자의 길
03. 무명의 전도자들 1
04. 무명의 전도자들 2
05. 첫 수세자들 1
06. 첫 수세자들 2
07. 한글 성경은 어떻게 번역되었을까?
08. 우리나라의 첫 교회 소래교회의 설립
09. 이수정과 일본에서의 성경번역
10. 한국 교회의 찬송가

01
미지(未知)의 나라로

19세기 말까지 한국은 서양의 대부분의 나라에서는 여전히 미지의 나라였다. 한국이 서양에 최초로 소개된 것은 하멜이 1668년에 출판했던 『하멜 표류기』를 통해서였다.[1]

화란인으로서 일본으로 향하던 헨드릭 하멜(Hendrick Hamel) 일행이 탄 상선 스페로호크호가 태풍을 만나 난파되어 제주도 산방산(山房山)에 표착한 때는 1653년이었다. 이들 일행 중 생존자 36명 가운데 한 사람이 이 배의 서기였던 하멜이다. 그는 동료 화란인과 함께 13년 28일 동안 한국에서 억류생활을 한 후 동료 7명과 함께 한국을 탈출하여 본국으로 돌아갔다. 돌아간 직후 출판된 책이 『하멜 표류기』였다.

아직 조선이라는 나라의 실제를 알지 못했던 17세기 화란에서 하멜은 동양의 신비스러운 나라를 소개한 것이다. 비록 17세기 말엽부

---

1 『하멜표류기』는 1668년 네델란드어판이 출판되었고 이어서 프랑스어판은 1670년에, 독일어판은 1672년에, 영어판은 1704년에, 덴마크어판은 1754년에 출간되었다. 한국 선교사였던 언더우드(H. H. Underwood)는 한국에 대한 서양인의 기록에 대한 서지 목록을 작성했는데 이 문서에 덴마크어판 『하멜 표류기』는 소개되지 않았다. 이 『하멜 표류기』는 유럽 여러 나라가 조선을 체계적으로 인식하는데 귀중한 문헌이 되었다. 화란인 호이팅카가 쓴 『하멜표류기 연구』는 『하멜표류기』가 서양인들의 한국인식에 얼마나 큰 영향을 끼쳤는지를 보여준다.

터 한국이 서양에 소개되기 시작했다고 하지만 한국은 여전히 미지의 나라였다. 이미 기원전 1세기에 중국이 구라파에 알려져 있었다는 사실을 감안하면 서구세계에서 한국에 대한 인식은 지나치게 늦은 것이었다. 그러했기에 일본 동경대학에서 동양학과 자연과학을 가르쳤던 윌리암 그리피스(William E. Griffis, 1843-1928)는 한국을 가리켜 '은자의 나라' 혹은 '은둔의 나라'(The Hermit nation)라고 불렀다. 극동의 3나라 중 일본은 어느 정도 서양의 빛 가운데 들어와 있었고, 중국은 무섭고 어두운 미지의 나라였으나, 한국은 아직 어디에 있는지 조차도 모르는 나라였다. 이런 점을 감안해 본다면 그리피스의 표현은 사실적인 표현이었다. 이 표현은 그 후 한국에 대한 상징적인 용어로 외국인들에 의해 널리 인용되었다.

19세기 말부터 선교사들의 입국이 시작되자 한국은 또 다른 이름을 얻게 되었는데, 그것이 '조용한 아침의 나라'(Land of Morning Calm)였다. '조선'(朝鮮)이라는 국호를 영역한 이 이름은 한국에 대한 좋은 이미지와 함께 변화나 발전이 없는 정체된 나라라는 인식을 심어주었다.

어떻든 한국은 19세기 말엽까지도 서구세계에 별로 알려지지 않았던 미지의 나라였다. 그러했기에 1876년 개항한 이후에도 한국에 대한 정보 부족으로 구미 여러 나라는 선교사 파송을 위한 대책을 수립하지 못하고 있었을 정도였다. 미국교회의 경우는 일본과 중국에서 일하고 있던 선교사들의 보고, 그리고 이수정이 『세계선교평론』(*The Missionary Review of the World*)에 쓴 "한국의 사정"(Condition of Korea)이라는 글을 보고서야 한국선교의 시급성을 알았을 정도였다. 그러나 여전히 한국은 꼬레(Coree)라는 이름을 가진 중국 근처의 한 섬으로 이해되었고, 기독교와의 관련된 지식은 오래 전에 예수회 선교사들이 입국을 시도하다 잡혀 죽임을 당했다는 정도였다. 그러기에 조선인은 반은 야만인이고, 반은 동물과 같은 인종으로 구성된 사나운 나라로 알고 있었다.[2]

호주나 캐나다의 사정은 더했다. 호주 기독교계에서 선교운동과 관련하여 한국이 처음 알려진 것은 1880년대였다. 필자가 조사한 바로는 호주교계에 한국에 대해 처음으로 소개한 이는 그레이 딕슨(Gray Dixon) 목사였다. 그는 일본 선교사로서 아시아 왕립학회 일본지부 회원이었다.

이런 사정 때문에 한국이 쇄국의 빗장을 열고 서방과의 교류를 시작할 움직임을 보이자 그는 『아침의 나라』(The Land of Morning)라는 소책자를 발간하여 호주교회로 하여금 한국선교를 준비하도록 하였다. 그 후 그는 호주 빅토리아주 장로교회의 기관지인 『장로교회보』(The Presbyterian Monthly)에 1889년 2월부터 6월까지 "은둔의 나라, 한국"(Korea, the Hermit Land)이라는 제목으로 한국을 소개하는 글을 썼는데, 이것이 장로교권에 한국의 사정을 알리는 첫 글이었다.

이처럼 호주교회도 한국에 대한 정보가 극히 제한적이었기에 선교사를 보낼 생각은 못했을 정도였다. 데이비스(J. H. Davies)라는 젊은 청년이 한국선교를 자원했을 때 호주 빅토리아주 장로교회는 그를 선교사로 인준하면서도 한국에 대한 정보나 자료가 없다는 이유에서 한

---

2 L. H. 언더우드, 『한국에 온 첫 선교사 언더우드』, 46.

국을 선교대상국으로 인식하지 않았다. 그래서 그를 지원하지 않았다. 이처럼 한국은 서양인의 마음에서 멀리 떨어져 있었다.

캐나다의 사정도 별반 다르지 않았다. 1889년에 미국 북장로교의 헤론 의사 부인이 복음을 전했다는 이유로 체포되어 조만간 교수형에 처해 질 것이라는 확인되지 않는 소문이 퍼졌고, 이것이 캐나다 신문에 게재되었을 때 토론토 인근 마크헴 지역의 한 목회자는 이 절박한 소식을 접하고 이런 기도를 드렸다고 한다. 복음을 위하여 고난의 길을 가는 이 가련한 전도자에게 하나님의 위로가 있기를 간절히 기도한 다음 "주여 주께서는 조선이 태평양 한 가운데 있는 섬인 줄을 아시나이다."[3]

조선이 극동의 조용한 아침의 나라가 아니라 태평양 바다 한 가운데 있는 고립된 섬으로써, 조선인들을 외계인으로 여길 정도로 문명의 끝으로 인식되고 있었다. 서양인들에게 있어서 한국은 인간의 생명이나 존엄성에 대한 근대 서양의 전통과 단절된 무지막지한 이교국가로 인식되고 있었을 따름이다. 이처럼 한국이라는 나라가 어디 있는지 조차도 알지 못하는 미지의 나라였다. 한국 선교사가 되기로 작정하였던 캐나다의 펜윅(M. Fenwick)조차도 한국은 지중해에 있는 어떤 섬으로 생각하고 있었을 정도였다.[4]

이 은둔의 나라 조선, 아니 조용한 아침의 나라 조선에도 19세기 말 복음의 빛이 비취기 시작하였고, 미국 선교사들을 비롯하여 호주, 캐나다, 영국 등지의 선교사들이 입국하였다. 이들의 입국과 활동에

---

3 Malcolm Fenwick, 『한국에 뿌려진 복음의 씨앗』, 22.
4 위의 책, 23.

대해서는 우리는 많은 정보를 가지고 있다. 그들에 대해 다시 말할 필요가 없을 것이다. 이 글에서 필자가 말하려는 것은 그 당시의 한국에 대한 인식이었다. 한국이 이처럼 미개한, 그리고 위험한 지역이라는 인식 때문에 초기 선교사들은 생명을 건 모험 없이는 감히 조선선교를 지원하지 못했다. 당시 한국만이 아니라 아시아와 아프리카 지역의 모든 선교활동이 그러했지만 한국을 지원한 선교사들은 본국을 떠날 때 가족들과의 재회는 생각하지도 못했다.

북장로교회의 첫 목사 선교사였던 언더우드도 그러했다. 언더우드의 형제들도 그가 만일 다시는 돌아오지 못할 곳으로 꼭 가야 한다면 영국에 있는 친척들에게도 인사를 하고 가야한다고 권했기에 언더우드는 1884년 여름 대서양을 넘어 영국으로 갔고 그곳의 삼촌, 숙모, 사촌들을 찾아가 어쩌면 이 땅에서 마지막일 수도 있는 비장한 인사를 나누었다. 영국에 있는 친척들 그 어느 하나도 언더우드를 다시 볼 수 있을 것으로 여긴 이는 아무도 없었다고 한다. 그럴 수밖에 없었던 것은 언더우드의 삼촌인 에드워드 존스(Edward Jones) 목사는 당시 런던선교회(LMS) 총무직을 맡고 있었는데 언더우드가 한국으로 간다는 소식을 듣고 그 선교회 동료가 이렇게 말했기 때문이다. "한국으로 간다고요? 한국이라. … 가만있자. 약 20년 전에 우리 선교회에도 그곳으로 한 사람을 파송했는데 그 후 우리는 아무런 소식도 듣지 못했지요."[5]

여기서 말하는 한국으로 파송된 그 사람, 그리고 그 후에 어떤 소식

---

5   L. H. Underwood, *Underwood of Korea* (NY: Fleming H. Revell Co,. 1918), 36.

도 접하지 못했다는 그 사람은 다름 아닌 제레마인 토마스(Jeremain Thomas) 목사였다. 그가 꼭 20년 전인 1866년, 천주교에 대한 혹독한 박해가 있을 때 제너럴 셔먼호를 타고 대동강으로 입국하였고 곧 참수형을 당했기 때문이다. 한국은 여전히 위험한 나라로 인식되고 있었다. 언더우드 만이 아니라 초기 한국으로 왔던 선교사들은 선교지에서 죽어간 끔찍한 사건들과 불길한 예측들을 수 없이 들었지만 낙심치 않고 은둔의 나라로 향했던 것을 보면 그들은 오늘 우리와 다른 영적 비범함이 있었다.

02
구도자의 길

은둔의 나라 한국에서의 복음운동은 이 민족의 역사 위에 내리는 한 줄기 소망의 빛이었다. 그 빛 가운데서 조선의 어진 백성들은 무지와 미신으로부터 자유하게 되었고, 오랜 구습과 악습의 굴레로부터 해방의 기쁨을 누리게 되었다. 그러나 이 기쁨을 누리기 위해 치려야 하는 고난의 여정도 끝이 없었다. 어디나 있을법한 일이지만 한국에서도 기독교 복음은 조선의 내정을 탐하는 외세의 침략세력으로 인식되었다. 오랜 전통으로 굳어진 조선의 예의범절을 훼파하는 멸기난상(滅紀亂常)의 도이자 패륜외도(悖倫外道)였고, 나라의 양식을 깨치고 백성을 혹하는 혹세무민(惑世誣民)의 사교(邪敎)였다. 그래서 예수를 믿는 일은 고얏놈의 짓거리요, 호적을 파 버려야 할 정도로 심각한 문제로 인식되었다. 그러했기에 구도의 길은 험난했다. 그러나 예수 안에는 소망이 있었고, 이 세상에서는 기댈 언덕이 없었던 이들에게 안식을 주었기에 인고의 세월을 견뎌 갔던 것이다. 경상북도 영풍군에 사는 박귀돌이라는 여인은 병으로 남편을 잃게 되자 맏아들에게 소망을 두고 살고자 했다. 그러나 불과 두 달이 못되어 그 아들마저 불의의 사고로 곁을 떠나게 되었다. 무심한 하늘은 말이 없었고 뒷산에 이는 노을도 해답을 주지 못했다. 그 어디에도 살 소망을 찾지 못했던 이 여인은 죽음의 문턱에서 번민의 밤을 설쳤지만 앞뒤를 분별 못하는 자식을 두고 가기에는 너무도 젊은 나이였다. 마지막으로 소망을 둔 곳은 예수당이었다. 몇 주일을 고심하던 이 여인은 예수라도 믿으면 소망이 있을까 하여 아랫마을 예배당을 찾아 갔는데 이것이 이 여인의 생애를 소망의 자리로 인도해 가는 시작이 되었다. 이 소망은 이 여인만의 것이 아니었다. 그 여인의 조무래기 자식들의 생의 행로를 변화시켜 갔다. 엄한 시부모 밑에 사는 과부였던 이 여인은 10여 년이 넘도록 시부모 몰래 예배당을 다녔다고 한다. 말하자면 10여 년의 세월을 '익명의 그리스도인'으로 살지 않으면 안 되었던 것이다. 구도의 길은 누구에게나 험란한 길이었다.

지금은 신앙의 길에 정진하겠다는 이들에게 주기도문을 외우는지, 성경을 얼마나 읽었는지, 혹은 공예배에 정기적으로 출석하는지를 묻곤 하지만 초기에는 그렇지 않았다. 주기도문 암송이나 십계명 봉송은 당연한 요구였고 이보다 더한 다섯 가지 다짐을 받았다. 지역과 시기에 따라 약간의 차이가 있었지만 그 다섯 가지는 다음과 같은 것이었다. 첫째는 주일성수였다. 지금은 주일성수가 그리 힘들지 않지만 농업에 종사하던 이들이 거의 전부였던 시절 주일성수 하는 일은 여간한 결단 없이는 불가능한 일이었다. 하루라도 파종이 늦으면 수확량이 달라지는데 주일이라는 이유로 농사일을 접어 두는 일은 쉬운 일이 아니었다. 그런 사정을 모를리 없었건만 주일성수는 신도의 중요한 요구였다. 둘째는 조상제사의 중단을 요구했다. 천주교가 소개된 이후 조상제사 문제는 논란의 핵이었다. 1791년에 전라도 진산

(珍山)의 유학자 권상연(權尙然)과 윤지충(尹持忠)이 조상제사를 폐하고 신주(神主)를 불사른 일이 소위 진산사건, 곧 신해교난의 시작이었고 기독교를 패륜외도로 인식한 전거가 되었다. 유하원(柳河源) 등 성균관 유생들은 "천(天)이 있는 줄만 알고 임금과 어버이가 있음을 모르며 천당과 지옥이 있다는 설로써 백성을 속이고 세상을 의혹케 함이 큰 물이나 무서운 짐승의 해(害)보다 더하다."고 상소하기까지 했다. 그런 조상제사를 그만 둔다는 것은 당시 사회에서는 가족의 연을 끊는 것과 같았다. 척불숭유(斥佛崇儒)를 국시로 하여 주자가례(朱子家禮)를 중시하던 고래의 전통으로 볼 때 조상제사의 거부, 이것은 용납될 수 없는 것이었다. 그럼에도 불구하고 이것은 테르툴리아누스의 말처럼 구도자가 지고 가야 할 자기 십자가였다.

셋째는 금주, 단연을 요구했다. 어떻게 보면 이 당시의 요구는 지나친 감이 없지 않다. 또 경직성마저 보이고 있다. 그러나 중국에서의 융합주의적 기독교 운동이 쌀 신자(Rice Christian)만을 양산했다는 선교사들의 판단은 다소 비장하기까지 했다. 세끼 음식도 못 채우던 당시 먹는 즐거움이란 술과 담배 외에 그 무엇이 있었던가? 물론 선교사들이 처음부터 술과 담배를 금했던 것은 아니었다. 그러나 술과 담배의 폐단을 보았던 이들은 이 민족의 진정한 유익을 위해 금주, 단연을 요구하기 시작했다. 성탄이 되면 동네 이웃들이 술을 빚어 교회로 가져 와 축하해 주는 것은 상호부조의 미덕이었다. 예수가 누구인지도 모르면서도 성탄이 되면 술을 빚어 교회로 날라 오는 이웃의 마음에는 따뜻한 정이 있었다. 그러나 그처럼 어진 조선인들이 술만 먹으면 딴 사람이 되어 아내를 구타하고 가산을 탕진하는 술의 해악을 보았기에 금주와 단연은 1894년부터 강조되기 시작했다. 1897년 4월의 〈죠션그리스도인 회보〉에 보면 제물포에 사는 한 사람이 술과 담배를 끊고 신자가 되었을 때 그를 '참 거듭난 그리스도인'이라고 호칭한 것을 보면 금주, 단연이 중생과 관계있는 것으로 이해하는 이들이 있었을 정도였다. 어떻든 음주와 흡연은 구도자의 길을 방해하는 것으로 보았다. 넷째는 노름을 그만 두겠는가를 물었다. 당시 조선에서는 농한기가 되면 이집 저집 몰려다니면서 술을 마시고 노름으로 소일하는 일이 빈번했다. 이 일로 패가망신하는 경우가 많았으므로 신자에게 있어서 노름은 합당치 못했다. 노름이 당시로서는 몇 안 되는 오락으로 보기도 했으나 노름의 해악은 음주나 흡연 못지 않았다. 그러했기에 노름하다 죽으면 지옥 간다고 가르칠 정도였다. 이른 봄이 되면서부터 논밭을 일구고 씨를 뿌리고 김을 매는 등 일년 내내 농사일로 힘겨운 날을 보내고, 결실을 얻고 나서는 술에 취해 노름으로 소일하다 패가망신하여 처자식을 굶주리게 하는 일이 적지 않았다. 그래서 신자가 되는 길은 이런 생활로부터의 절연을 요구했던 것이다.

다섯째는 신실한 가정생활을 요구했다. 부모의 도리를 지키고, 아내와 남편 간의 합당한 예를 갖추도록 권면했다. 특히 남자에게는 첩을 두지 않겠는가를 물었다. 축첩은 가정을 파괴하는 주범이었기 때문이다. 또 부모공경을 중시하되, 생시의 경효(敬孝)가 사후의 제사보다 낫다고 가르쳤다.

이 다섯 가지는 당시 조선 사람들에게는 실로 어려운 요구였다. 그렇다면 누가 감히 예수를 믿을 수 있단 말인가? 마테오 릿치(Matteo Ricci, 1552-1610)로 대표되는 예수회는 중국에서 조상제사를 허용하는 등 유교와 기독교 간의 절충을 시도함으로써 입신의 장애물을 제거하고자 했으나 조선에서는 그렇지 않았다. 그래서 초기 한국에서 개종은 용이하지 않았다. 그럼에도 불구하고 이 골목 저 골목에서 예수를 믿는 이들이 일어났고, 가족과 친지들의 돌팔매를 맞으면서도 주님만을 의지했다. 한국의 기독교는 힘이 있었다. 앞에서도 말했지만 중국에서는 아편은 금했으나 다른 모든 것에는 관용을 베풀었다. 이것이 구도자를 위한 넓은 길로 이해했기 때문이다. 그러나 백년의 세월이 지난 지금 돌이켜 보면 중국의 기독교는 힘을 잃었으나 한국의 기독교는 이른 봄에 새롭게 돋아나는 들풀(春草)처럼 환란의 겨울이 지나면 다시 언 대지를 뚫고 일어나는 살아 있는 기독교회가 되었다.

그런데 흥미로운 사실은 조선의 구도자들에게 요구하였던 다섯 가지는 삶의 개혁이자 우리 사회를 개혁하는 문화변혁 운동이었다는 점이다. 금주, 단연, 노름의 금지, 축첩 반대는 우리 사회의 폐습과 구습을 개혁하는 일에 일조하게 된 것이다. 한국 초기 기독교 지도자들은 "술과 담배는 백성의 재산을 패하여 백성들을 점점 곤궁하게 만들며, 장부의 기운을 꺾어 회복하지 못하도록 하므로, 건강과 재산의 손실을 가져온다고 생각하였기에"[6] 이를 금하도록 하였으나, 이 운동이 결과적으로 국민의식 개혁운동으로 발전하였다. 바른 신앙생활은 궁극적으로 사회의 변화를 수반할 수밖에 없다는 사실은 복음의 사회적 성격을 보여준다. 한국의 그리스도인이 걸어갔던 그 험난한 길은 이 민족을 향한 값진 고난이었다.

---

6 "계주론," 『조선그리스도인 회보』, 22 (1897. 6. 30).

03
무명의 전도자들 1

우리가 한국 교회 초기 역사를 말할 때 여러 전도자들을 말하곤 한다. 그런데 이들 외에도 수많은 무명의 전도자들이 있었다는 사실을 간과해서는 안 된다. 흔히 역사는 강자편이라고 말한다. 강자는 역사 기록에 승리자로 남아 있으나 약자들은 아무에게도 주목을 받지 못한 채 망각과 미지의 저 편에 팽개쳐 있다. 교회 역사도 다를 바 없다. 본령과 다수 집단과는 달리 역사 속에 감추어져 있던 소수자 혹은 약자들의 역사를 들추어내고, 그들이 걸어갔던 진리를 향한 거룩한 여정을 뒤돌아보는 일에도 거룩한 감동이 있다. 역사의 숨겨진 일면을 찾아내고 역사가들의 기억 속에 사라진 진리의 일면을 회복해 내는 일은 교회사학도의 길을 가는 나에게는 학문 그 이상의 즐거움이었다.

무명의 전도자들은 초기 교회에도 있었다. 그 작은 흔적이 사도행전 8장 4절이다. 이름이 밝혀지지 않는 "그 흩어진 사람들," 그 익명의 전도자들은 베드로나 바울과 마찬가지로 동서남북을 가로질러 다니면서 황무지에 씨를 뿌리는 전도자들이었다. 그 흔적이 사도행전 11장 19절에 다시 나타난다. "그 흩어진 자들이" 베니게와 구브로를 거쳐 안디옥까지 복음을 전했다. 이름 없는 전도자들이 뿌린 씨앗이 열매를 맺어 후일 바나바와 바울이 사역할 수 있는 든든한 터전을 만들었던 것이다.

익명의 전도자들에 대한 기록은 우리 교회 역사에도 희미한 흔적으로 남아 있다. 고대 기독교전래나 천주교와의 접촉은 그만두고라도, 개신교 첫 선교사인 귀츨라프의 내한(1832) 이후 런던선교회의 토마스 목사가 내한(1865)하기까지는 무려 33년이 걸렸다. 이 기간동안 개신교와 한국 간의 다른 접촉이 없었을까? 이점이 늘 궁금했다. 아마도 귀츨라프 이후 토마스 목사가 내한하기 이전에도 조선에 복음을 전하려는 시도가 있었을 것이다. 이 시기 아시아, 특히 사이암, 일본, 중국 혹은 홍콩을 왕래했던 이들이 조선에 대해 무관심했을까? 미국 미시간 칼빈대학의 역사학부 교수이자 동서교섭사의 권위자인 편 클래이(Edwin J. van Kley)는 필자의 생각에 동의하면서, 조선의 사정이 외방 세계에 전파된 후 30여 년 간이나 또 다른 선교사와의 접촉이 없었다는 점은 이해할 수 없는 일이라고 말한 바 있다. 하지만 이런 안개 속에 가려진 무명의 전도자들의 발자취를 탐색하기 위해서는 1830년대 이후 서양선교사들의 활동에 대한 더 많은 연구가 필요하다.

1884년 알렌이 도착하기 일 년 전에 이곳 은둔의 나라 조선에 복음을 전하려는 무명의 전도자가 있었다는 기록이 있다. 켄무러(A. Kenmure)가 쓴 "한국에서의 초기 순회전도자들"(An Early Colporteur in Korea)이라는 글이다. 이글은 『성서공회 월간보고』(The Bible Society Monthly Reporter) 라는 잡지에 게재되었다. 1896년에 발간된 이 글에 의하면 흔히 임오군란(壬午軍亂)으로 불리던 군인 봉기 때 대원군의 요청으로 우리나라에 왔던 청나라 군인 중 한 사람의 전도자가 있었다. 그는 비록 인접국가에 원군의 일원으로 왔지만 그의 가슴에는 거룩한 열정이 있었다. 그는 도착 즉시 은밀하게 한문 성경을 배포하였고 이 일로 체포되었다. 그가 만일 체포된 일이 없었다면 그의 행적은 묻히고 말았을 것이다. 임오군인 봉기는 일본세력의 증대, 신구 사조의 대립, 정권을 둘러싼 암투 등 나라 안의 복잡 미묘한 정세에서 일어난 군인들의 생존권 투쟁이었다. 민씨 정부의 군제(軍制)개혁으로 신식군대인 별기군(別技軍)에 밀려난 구 군대는 기구도 축소되었고, 보금자리도 잃었다. 심지어 군료를 받지 못한지 일 년이 넘었다. 차별 대우로 인한 불만과 급료의 미지불 등 생존의 위협까지 당하자 이들은 봉기하였다. 후일에는 창덕궁까지 쳐들어가게 되자 대원군은 다시 등장하게 된다. 사태 수습의 책임을 맡은 그는 자파중심으로 정부를 개편하고 청나라를 의지하기 시작하였다. 이 혼란의 와중에서 청나라의 마건충(馬建忠)을 선두로 청군이 입경하게 되었는데 그 군병 한 사람이 이름 없는 전도자였다. 성경을 배포했던 그는 조선 정부로부터 항의를 받고 체포되었고 시키지 않는 일을 했다는 질책과 함께 구금되었다. 한국정부는 그의 처형을 요구하였으나 권력있는 친구의 덕택으로 겨우 사형은 면했다는 것이 켄무러의 기록이다. 이 진기한 기록을 언더우드의 부인 릴리아스는 『한국의 언더우드』(Underwood of Korea)에서 인용하였고, 권력 있는 친구란 아마도 마건충으로 추측되는 청군의 장군일 것이라고 주를 달았다. 비록 그가 남긴 결실에 대해서는 아무도 헤아릴 수 없으나 역사의 격량 속에서 조선이 위기에 처했을 때 찾아 온 한 이국인 전도자가 있었다는 사실은 시대의 격리감을 뛰어넘는 감동이 있다.

이와 같은 무명의 전도자들이 청군의 틈 속에만 있었을까? 아니다. 만주와 고려문을 왕래하며 의주로 통하는 국경을 넘나드는 전도자들이 있었고, 외침의 환란 속에 있을 때 은밀한 위로의 전령들도 있었다. 그리고 선교사들을 따라 이 고을 저 고을 다니며 문서를 전하며 일했던 매서전도인들(Colporteurs), 전도부인들(Bible Women), 그리고 조사들(Helpers)도 있었다. 그들의 이야기를 다 기록할 수 없을 것이다. 그러나 이름 없는 전도자들의 사역의 결과로 오늘 우리의 고을과 촌락마다 십자가의 등불이 어두운 밤거리를 밝혀주고 있지 않는가?

04
무명의 전도자들 2

　30여 년 전 나는 부산시 동구의 비봉산 아래에 위치한 20평 남짓한 아파트에 산 일이 있다. 아파트는 흔히 산복도로라고 불리는 산허리에 위치하고 있었으므로 배산임해(背山臨海)의 천혜의 항구를 한 눈에 굽어 볼 수 있었다. 밤이 되면 이곳저곳의 휘황찬란한 불빛이 도시의 밤을 요란하게 장식하고 있었다. 경상북도 영풍군의 벽촌에서 반딧불만 보고 자란 나에게는 도시의 야경은 경이롭기만 했다. 그 많은 불빛 가운데서도 과시라도 하듯 여기 저기 우뚝 솟은 십자가의 불빛은 진한 감동을 주기도 했다. 세속의 물결 속에서도 용케도 살아남은 끈질긴 신앙의 자취를 보여주는 듯 했다. 나는 교회당의 불빛을 보면서 한 가지 의문을 갖게 되었다. 도대체 누가 이 부산, 남단의 항구, 각종 미신과 해안성 폐습이 넘실거리는 이 거리에 복음의 씨를 뿌렸기에 이처럼 교회가 생겨났을까? 이 지방에서의 첫 전도자는 누구였을까? 이 의문을 가지고 부산지방 기독교의 기원을 추적하기 시작했다. 한국 교회에 관한 기록은 결코 적다 할 수 없으나 구체적으로 부산지방 기독교의 기원에 관한 기록은 찾아 볼 수 없었다. 그래서 내가 그 일을 하기로 결심했다. 나는 이 지방 기독교 역사를 해명해 주는 자료를 구하기 위해 외국의 고문서관을 뒤지기 시작했다. 호주와 미국, 그리고 캐나다까지 다니며 고문서 도서관(Archives)을 섭렵하며 먼지 묻은 옛 기록을 추적했다. 또 초기 한국 선교사들의 후손들을 찾아다녔다. 땀 흘린 결과 선교사와 관련된 소중한 기록을 접할 수 있었고, 이 자료들을 섭렵하는 중에 부산지방 기독교의 기원과 초기 상황에 대한 중요한 사실을 확인하게 되었다. 그런데 이러한 연구과정에서 이 지방에서도 선교사들의 행로를 안내하며 저들의 길을 예비하였던 무명의 전도자들이 있었음을 알게 된 것이다. 그 무명의 전도자들이야말로 '은혜의 전령들'(Messengers of Grace)이다. 이들은 자신의 의지로 남모르는 수고를 감내하며 등섭지로(登涉之路)의 길을 갔던 순회전도자들이었다. 이들이야말로 복음의 사자들이었다.

부산지방에서는 1880년대 초부터 선교를 위한 몇 차례의 시도가 있었지만 구체적인 선교활동이 시작된 것은 1891년이었다. 물론 캐나다 선교사인 게일이나 하디가 부산에 체류한 일이 있었다. 또 그들과 관련된 한국인 조력자들도 있었다. 1890년 3월에는 호주 선교사 데이비스(Joseph H. Davies)가 서울

한국에 온 첫 호주 선교사 데이비스목사와 누나 메리 데이비스

을 떠나 남쪽으로 여행을 시작했고, 그해 4월 4일 부산까지 왔으나 그 이튿날인 4월 5일, 34세를 일기로 부산에서 사망한 일도 있다. 데이비스의 예기치 않는 죽음 때문에 호주 장로교회는 크게 각성하고 제2진 선교사 다섯 명을 파송했는데 그 때가 1891년 10월이었다. 그런데 호주 선교사 제2진이 도착하기 한 달 전인 1891년 9월에 이미 부산 선교를 시작한 미국 북장로교회 선교사가 있었다. 그 첫 선교사가 윌리엄 베어드(William Baird) 곧 배위량(裵偉良)이었다. 그는 이 지방에서 선교사역을 시작한 첫 선교사인 셈이다. 그런데 그를 도와 이 지방에서 일한 첫 한국인 전도자는 누구였을까? 필자가 밝혀 낸 바에 의하면 서상륜(徐相倫)과 그의 동생 서경조(徐景祚), 그리고 고학윤(高學崙)이었다. 이들은 다 황해도 출신으로 부산지방에 예수 믿는 사람이 없었기에 이 지방에 와서 선교사들을 도우며 개척자의 길을 갔다.

　서상륜에 대해서는 이미 몇 편의 글이 있고 그에 대해서는 비교적 많이 알려져 있다. 그는 한국의 첫 매서전도자로서 만주에서 번역된 성경을 가지고 비밀히 의주를 넘어와 황해도 장연군 대구면 송천리 일대에서 보급한 일이 있다. 그의 봉사로 한국의 첫 교회인 솔내(松川)교회가 1883년 설립되기도 했다. 그의 동생이 서경조인데 그도 형의 권고로 입신한 후 전도자가 되어 서울에서 언더우드를 도우며 일했고, 후일에는 한국 최초의 장로교 목사 중의 한 사람이 되었다. 그런데 이들 형제가 부산지방에서 복음을 전한 첫 전도자였다는 사실을 아는 이가 많지 않다.

　서상륜이 부산에 온 때는 1892년 5월 15일이었다. 3일 후인 5월 18일부터 배위량 선교사와 함께 경상도 지역을 순회하기 시작했다.

1890년대 초의 부산진의 시장, 뒤에 호주 선교부 건물이 보인다

이것이 베어드의 첫 순행전도였다. 이때 이들은 통영, 고성까지 갔었고 서상륜은 안내자이자 통역관이었고 조사였다. 그러나 서상륜은 건강이 좋지 못해 부산에 온지 겨우 한 달 후인 6월 17일 배위량을 남겨두고 서울로 돌아갔다. 그 후 배위량을 돕기 위해 온 전도자가 서경조

였다. 그는 1893년 4월 초순 부산에 왔는데, 4월 15일부터 배위량과 순회전도를 시작하였다. 4월 15일 부산을 떠난 이들은 5월 18일까지 약 한 달간 동래를 떠나 양산, 물금, 밀양, 청도, 대구, 상주, 풍산, 안동까지 갔다가 다시 남쪽으로 길을 정해 영천, 경주, 울산을 거쳐 부산으로 돌아왔다. 이런 순회전도 활동은 용이하지 않았기에 서경조는 병을 얻었고 그도 내키지 않는 걸음으로 부산을 떠났다. 부산에 온지 겨우 두 달만이었다.

그 후에 배위량 목사를 도왔던 무명의 전도자가 고학윤(高學崙, 1853-1937)이었다. 그는 그냥 고씨(Mr Ko)라고만 알려져 있으나 필자는 그의 이름이 고학윤라는 사실을 확인하였다. 황해도 장연 출신인 그는 예수 믿는 사람이 없던 부산에 와서 베어드를 도와 이 골목 저 골목 다니며 복음의 전령으로 일했다. 30대 청년이었던 그는 타지에 와서 남모르는 수고를 감내하며 부끄러움과 수치를 무릅쓰고 전도자의 길을 갔다. 그는 타지에 와서 이상한 종교를 전한다는 이유로 부산 청년들에게 몰매를 맞기도 했고, 부산 사람이 던진 돌에 맞아 머리를 다치기도 했다. 그러나 그는 이 일로 낙망하거나 전도자로서의 길을 포기하지 않았다. 전도자의 고난 없이 복음이 전파될 수 있었던가? 그의 수고로 차츰 어두운 거리에 십자가가 서기 시작하였고 황무지에 새순이 일기 시작했다. 그래서 100년의 세월이 지난 지금 부산 이곳 저곳에 십자가가 높이 서게 된 것이다.

여기서 나의 두 번째 의문이 시작되었다. 그러면 그 고난의 길을 갔던 전도자 고학윤의 후손들은 어디서 무엇을 하고 있을까? 이 무명의 전도자 후예는 어떤 삶을 살고 있을까? 나는 이 두 번째 의문을 가지고 고학윤의 후손을 찾는 작업을 시작했다. 여러 자료를 섭렵하며 탐문하는 과정에서 그의 아들이 고명우(高明宇, 1883-1951?)라는 사실을 확인하였다. 그는 아버지 덕분에 선교사로부터 영어를 배웠고 후일 세브란스 의전에서 공부하였다. 당시 대학이라고 할 수 있는 고등교육기간은 오직 두 곳 뿐이었다. 첫째가 평양의 숭실전문학교였고, 다른 하나는 서울에 있던 세브란스의학전문학교였다. 세브란스에서 의학을 공부한 그는 저명한 외과의사가 되었고, 1913년부터 1938년까지는 세브란스의전의 강사, 교수가 되었다. 그는 한국의학의 개척자중의 한 사람이었다. 뿐만 아니라 서울 남대문교회의 장로가 되었다. 하나님은 부산지방 첫 전도자의 후손을 위로하신 것이다. 그러면 고명우의 자녀들은 어디서 무엇을 하고 있을까? 고명우의 첫째딸 봉경(鳳京)은 미국 조지아 웨슬리안대학에서 음악을 전공하여 이화여전 교수를 지냈고, 둘째딸 황경(高皇京)은 김활란에 이어 한국여성으로는 두 번째로 1934년 박사학위를 받고 서울여자대학교를 설립하고 그 학교 학장과 총장을 지냈다. 셋째딸 난경(鸞京)은 의사가 되었고 미국 미시간대학교에서 유학하였고 세계보건기구(WHO) 보건관으로 제네바에서 근무했다. 넷째는 아들 원영(元永)인데, 세브란스를 졸업하고 의사가 된 후 미국에서 미생물학을 전공하여 이학박사가 되어 미국에서 의사로 활동했다. 무명의 전도자들은 고난의 여정을 헤쳐갔으나 이들의 거룩한 발자취는 오늘의 교회의 든든한 초석이 된 것이다. 이들의 헌신은 해마다 피어나는 새순처럼 오늘 우리에게도 큰 도전을 주고 있다.

05
첫 수세자들 1

1880년대 이전의 기독교와 한국 간의 접촉은 "바다를 스쳐가는 정도"였다고 말하지만 이런 과정에서도 복음의 씨는 열매를 맺었다. 신앙을 고백하고 세례를 받는 이들이 생겨났고, 여기저기 교회가 설립되었다. 고난 중에서도 복음의 빛 아래 안식을 누린 이들이 목숨을 걸고 신앙을 고백한 일은 오늘 우리게도 용기를 준다. 그런데 언제쯤 한국인이 처음으로 세례를 받고 교회의 회원이 되었을까?

이 이야기를 풀어가기 위해서 우리는 1870년대 만주로 향하지 않으면 안 된다. 스코틀랜드연합장로교회가 만주선교를 시작한 때는 1860년대였다. 중국은 아시아와 아프리카 제국 중에서 가장 많은 선교사가 일했던 지역으로 서구 선교사들에게는 아시아선교의 중심지로 인식되었다. 여러 선교단체 중에서 영국교회선교회(CMS)와 중국내지선교회(CIM)가 이곳에 가장 많은 수의 선교사를 파송했다. 스코틀랜드연합장로교회도 광대한 중국대륙에 무관심할 수 없었다. 그래서 1862년 중국 선교를 개시하였고 1871년부터는 만주지방 선교를 개척하기 시작했다. 존 로스(John Ross)와 존 메켄타이어(John McIntyre)는 1872년부터 이곳에서 사역하기 시작했다. 로스는 갓 결혼한 신혼부부로 왔으나 로스보다 5년 연상이었던 매킨타이어는 총각이었다. 그러나 임지에 도착한지 얼마 안 되어 로스의 아내는 출산하였고 그 후 세상을 떠나고 말았다. 다급해진 로스는 본국의 여동생에게 아이 양육을 위해 만주로 오게 하였고 함께 지내게 되었다. 이런 와중에서 로스의 여동생은 매킨타이어와 사랑을 나누게 되었고 곧 결혼하게 된다. 말하자면 로스와 케킨타이어는 동료이자 처남매부 지간이 된 것이다.

1871년 8월 지푸에 도착한 로스 일행은 스코틀랜드성서공회 소속 중국 주재원이었던 윌리암슨(Alexander Williamson)의 충고로 만주의 개항장인 영구(營口)로 갔고, 중국어와 만주어 공부에 진력하였다. 그 결과 이듬해 5월에는 현지인들에게 설교할 수 있을 만큼의 실력을 갖출 수 있었다. 이들의 일차적인 선교지역은 만주지방이지만 인접한 조선에 대해서도 무관심할 수 없었다. 특히 윌리암슨을 통해 조선의 상황을 전해들은 이들은 조선에 대해서도 영적인 부담을 갖게 되어 조선 선교를 준비하기 시작했다. 우선 조선 사람과의 접촉이 필요했다. 그래서 이들은 고려문(高麗門)이라고 불리는 만주인과 조선인들의 교역지를 찾아 나섰다. 1874년의 첫 여행에 이어 1876년에는 고려문을 두 번째로 방문하였는데 이때 로스는 조선인 이응찬(李應贊)과 그 동료들을 만났다. 이것이 머잖아 있을 한국인의 첫 수세를 가능케 했던 섭리적 만남이었다. 선교사들은 이응찬의 도움으로 한글을 익히면서 성경을 번역하기 시작하였고 1882년에는 우리말로 된 최초의 성경인 '누가복음'과 '요안내(요한)의 복음'이 역간되었다. 1887년에는 신약성경이 완역되어 "예수성교젼서"라는 이름으로 출간되었다. 이런 일련의 과정에서 이응찬과 백홍준(白鴻俊)을 비롯한 4사람의 한국인들은 1879년 매킨타이어에게 세례를 받았는데 이것은 한국인으로서의 첫 세례였다. 4명의 한국청년은 금지된 종교에로의 거룩한 부름 앞에 자신의 신변의 안전을 포기할 만큼 용기 있는 신앙인이었다. 로스는 다음과 같은 글을 남겨주고 있다. "매킨타이어는 4명의 유식한 한국인들에게 세례를 베풀었다. 이들은 앞으로 계속될 놀라운 결실의 첫 열매들이라고 확신한다. 비록 지금은 조선이 서구 제국들과의 어떤 형태의 접촉도 철저하게 금하고 있지만 그 쇄국도 곧 무너질 것이고, … 기독교가 전파되기만 하면 곧 급속하게 퍼져나갈 것으로 확신한다."

로스의 예견은 틀리지 않았다. 그의 기대와 소망에 따라 후일 한국교회는 아아 제국의 어떤 나라와도 비견할 수 없는 놀라운 성장을 이루었다. 첫 수세자들의 목숨을 건 신앙 고백과 그들의 용기는 후일의 영적 싸움의 내적 동기가 되었을 것이다.

금교(禁敎)의 나라 조선에서 세례를 받는다는 것은 위험천만한 일이며 때로는 목숨을 건 모험이었다. 국내에서의 첫 수세자의 경우도 동일했다. 만주에서의 세례에 이어 국내에서 첫 수세자는 노춘경(盧春京)으로 알려져 있다. 선교사들은 그저 노씨(Mr. No), 혹은 노도사(盧道士) 라고 불렀다. 알렌의 어학 선생이었던 그는 기독교를 하찮은 종교로 보고 있었으므로 한국어 선생으로서의 위치에 만족하고 있었다. 그러나 그 마음속에 있는 어떤 새로운 것에 대한 호기심은 숨길 수 없었다. 그는 아무에게도 마음을 드러내지는 않았으나 차츰 자신도 모르게 기독교라는 새로운 종교에로 그의 마음은 경도되고 있었다. 그는 알렌에게 한글을 가르치는 척 하면서도 그의 마음은 "금단의 열매를 따먹을 기회를 노리고 있었다"는 언더우드의 평가는 거짓이 아니었다.

그러던 어느 날 알렌의 책상 위에 놓인 두 권의 책, 마태복음과 누가복음을 보게 된 노춘경은 두근거리는 가슴으로 두 권의 책을 한복의 소매 속에 넣고 황급히 집으로 돌아갔다. 몰래먹은 떡이 맛이 있듯이 그는 문을 걸어 잠그고 이 훔친 책을 읽기 시작하였다. 놀랍게도 그는 이 책에 매료되었고 이방 종교에 대한 그의 오랜 편견은 햇빛 가운데 드러난 눈처럼 서서히 녹아지기 시작했다. 밤새 이 책을 독파한 노 도사는 이 책은 사람의 지혜로 만든 책이 아니라 신이 주신 책이라는 사실을 확신하게 되었다. 더욱 놀라운 일은 그는 이 복음서를 읽고 하나님을 위해서라면 기꺼이 목숨까지 버리겠다는 결심을 하기에 이르렀다. 이제 그는 숨길 필요가 없었다.

그는 언더우드를 찾아 가서 복음은 위대한 것이며 죽든지 살든지 이 믿음을 고백하고 싶다고 말했다. 요한은, 완전한 사랑에는 두려움이 없다(요일 4:18)고 하지 않았던가? 노춘경은 니고데미즘의 모순 속에 빠져 있지 않을 만큼의 용기를 지니고 있었다. 이때부터 25년이 지난 후 언더우드는 다음과 같이 회고한 바 있다. "이 사람을 보면 우리는 마치 그의 뒤를 따를 사람들을 보는 것 같다. 우리는 어두운 한국에 동이 틀 날이 오리라는 것을 알고 있었으며 이 한 사람의 신자는 하나님께서 자신의 것으로 만드시려고 작정하신 백성들에 대한 하나님 자신의 보증임을 확실히 믿고 있었다."

노춘경은 1886년 7월 11일 공개적으로 신앙을 고백하고 비밀히 세례를 받았다. 이것이 국내에서의 첫 세례였고, 이 세례식은 이루 말할 수 없는 감격적인 예식이었다. 그러나 그 누구에게도 밝힐 수 없는 숨겨진 기쁨이었다. 노춘경을 보호하기 위한 불가피한 조치였다.

이듬해인 1887년 1월 23일, 언더우드는 다시 3명의 한국인들에게 세례를 베풀었다. 1887년 1월 22일자 언더우드의 편지를 보면, 이들은 "하나님이 우리를 구원해 주셨으니 임금이 우리를 처형한다 해도 상관없습니다. 하나님을 섬긴다는 이유로 임금님이 내 목을 자른다 해도 상관치 않습니다."라고 했으나 이들을 보호해 주어야 하는 것이 선교사의 의무였다. 그래서 언더우드는 육영공원의 영어교사로 있던 헐버트에게 집 밖에서 망을 보도록 부탁한 후 언더우드는 3명의 용기 있는 조선인에게 주 예수 그리스도의 거룩한 이름으로 세례를 베풀었다. 이 세 사람이 바로 서경조, 정공빈, 그리고 최명오였고 이들은 그 해 9월 시작된 새문안교회의 회원이 되었다.

06
첫 수세자들 2

　이상에서 우리는 만주와 한강 이북지방의 첫 수세자에 대하여 소개했다. 그러면 부산, 경남지방의 첫 수세자는 누구였을까? 불행하게도 이 지방의 첫 세례에 대해서는 분명하게 연구되거나 보고된 적이 없다. 단지 백낙준 박사가 쓴 『한국개신교사, 1831-1910』에서 부산지방의 전도 상황을 언급하면서, "멘지스 양의 어학 선생이었던 심서방(沈書房)이 처음 얻은 신자인데, 1893년 베어드목사에게 세례를 받았다."라고만 언급하고 있을 따름이다. 정확하지는 않지만 부산지방에서의 첫 세례식에 대해 언급하고 있는 것 자체만으로도 흥미로운 일이 아닐 수 없다.

　부산에 살고 있다는 이유만으로도 나는 이 지방에서의 첫 신자는 누구였으며, 첫 수세자는 누구였던가에 대하여 추적하기 시작했다. 특히 호주의 고문서 도서관 등에서 입수한 문서들을 섭렵하던 가운데 부산지방의 첫 수세자를 밝혀 낼 수 있었다. 선교지에서 일하는 선교사들의 한결같은 바램은 그리스도를 주로 고백하는 개종자들을 얻는 일일 것이다. 특히 교회가 설립되지 않은 곳에서 일하는 개척선교사들에게 있어서 개종자들을 얻는 일은 크나큰 기쁨일 것이다. 부산, 경남지방에서 일한 선교사들에게도 예외는 아니었다.

결론부터 말하면 부산지방에서 첫 수세자는 심상현과 두 사람의 나이든 부인인 이도염과 귀주(성 미상)였다. 첫 세례식이 거행된 날은 1894년 4월 22일이었다. 이때는 서울에서 첫 세례식이 있은 지 8년 후였다. 이 날 세례식은 미국 북장로교의 배위량(William Baird) 목사가 집례했다. 이 당시 호주 선교부에는 멘지스 양을 비롯한 세 사람의 여선교사만 있었다. 1891년 청년연합회의 두 번째 선교사로 파송 받아 내한했던 맥카이 목사는 건강 때문에 부산을 떠나 1893년 10월 13일 멜보른으로 돌아갔고, 맥카이 목사의 뒤를 이어 청년연합회의 세 번째 선교사로 임명된 아담슨(A. Adamson) 목사는 1894년 5월 말 임지인 부산으로 왔으므로 1894년 4월 당시 호주 선교부에는 목사 선교사가 없었다. 이런 상황에서 비록 호주 선교부가 얻은 첫 결실이었으나 부산에 주재하던 미국 북장로교 선교사인 배위량에게 집례를 의뢰했던 것이다.

이때 세례 받은 세 사람은 어떤 사람이었을까? 일반적으로 '심서방'으로 알려진 심상현(沈相炫)은 세례 받을 때까지 2년간 멘지스의 첫 어학 선생이었다. 호주 선교사였던 맥카이(James Mackay) 목사의 기록에 의하면 그는 원래 유학에 조예가 깊고 자부심이 강한 사람이었다고 한다. 비록 멘지스의 어학 선생이 되었으나 선교사가 주관하는 집회에 참석하지도 않았다. 그러나 멘지스 양의 끈질긴 노력과 오랜 기도의 결과로 드디어는 유가적(儒家的) 편견을 버리고 기독교 신앙을 갖게 되었다. 심서방의 친구들은 신앙을 버리도록 여러 차례 권고하였으나 그의 결심은 견고하였다. 시간이 지남에 따라 그의 인격이 변화되었고 신앙도 성숙해 갔다. 심서방을 그해 4월 6일과 16일 두 차례 면접했던 배위량 목사는 4월 16일자 일기에서 이렇게 썼다. "오늘 심서방과 다시 대화하였다. 내가 믿기로 그는 틀림없는 신자다. 그는 자신의 죄를 용서하시고 의의 길로 인도하시는 주 예수 그리스도에 대한 온전한 신앙을 고백하였다. 뿐만 아니라 그는 가족의 구원을 위해서도 크나큰 관심을 보였다. 가족 중 어느 누구도 온전한 신앙인이 되지는 않았으나 점차로 신앙을 갖게 될 것으로 기대하였다. 그는 자신이나 아버지뿐만 아니라 그의 조부까지도 불교나 유교를 신봉하는 자들이 아니었고 신수를 보거나 점쟁이를 따르지 않았다고 말했다. 오직 조상만 섬겨 왔다고 말했다. 그러나 지금은 조상에게 제사를 지내지 않는다고 말했다."[7]

맥카이 목사의 기록을 참고해 볼 때 심서방은 외모도 훤출했을 뿐만 아니라 그리스도인의 인격을 겸비한 특출한 재능을 가진 인물이었다. 또 일본어와 중국어는 물론 영어까지 구사할 수 있었다. 이런 점에서 그는 멘지스의 어학 선생으로 매우 적절했다.

심상현과 함께 세례를 받았던 두 여자 중 이도염(李道焰)은 나이가 지긋한 부인인데 페리(Jean Perry) 선교사의 조수로서 고아들을 돌보는 보모였다. 당시 호주 선교부는 작은 고아원을 운영하고 있었는데, 이 고아원에서 일하던 중 개심하게 된 것이다. 분명치는 않으나 이 여자는 한때 광대 혹은 기생(dancing girl)이었던 것으로 보이며 아씨(ArChie)로 불리기도 했다.

---

[7] 이상규 역편, 『윌리엄 베어드의 선교일기』(서울: 숭실대학교 한국기독교 박물관, 2013), 77.

다른 한 여자는 귀주(貴珠)라는 여성인데 성은 분명치가 않다. 이들에게 세례를 베풀었던 배위량의 1894년 5월 3일자 일기를 보면 첫 수세자 세 사람의 이름을 열거하고 있는데, "심상현과 두 나이 드신 부인 이도염과 귀주"(The persons were Sim Syang Hyun and two old ladies, Yi To Nyum and Kwi Chyoo)라고 쓰고 있다. 즉, "이도염과 귀주"라고 하여 두 번째 여자의 성을 명기하지는 않으나 문장 구조상 "그리고"(and)라는 대등 접속사로 연결되고 있다는 점에서, 귀주라는 여성도 이씨였을 가능성이 짙다. 어떻든 이 여자는 불교를 신봉하던 여자였는데 호주의 여선교사들의 거주지에 찾아왔던 첫 여성이었다.

이상에서 말한 세 사람이 첫 수세자였지만 기독교 신앙에 대한 입문자들도 없지 않았다. 미국 북장로교와 호주 장로교 선교사들이 선교사업을 시작했을 때 간간이 기독교에 관심을 가진 이들이 나타났고, 혹자는 세례를 요청하기도 했다. 그러나 이들 중에는 순수하지 못한 동기로 입문하는 이들도 있었다. 기독교를 힘입어 정치적인 변혁을 꿈꾸거나 선교사의 그늘 밑에 어떤 보호를 꾀하는 이들도 없지 않았다. 그래서 선교사들은 순수한 동기와 순진한 믿음을 가진 이들, 이교적 풍습과 미신을 버린 분명한 변화를 경험한 이들에게 세례를 주고자 했다. 이런 점들은 1894년 1월과 3월 사이에 쓰여진 배위량 선교사의 일기에 잘 나타나 있다. 배위량의 일기를 보면, 여러 사람이 세례를 청원하였는데 그 중 어떤이는 『천로지귀』(天路指歸)[8]와 같은 기독교 서적을 읽은 이도 있었다고 한다.

---

8   이 책은 미얀마 선교사였던 저드슨(A. Judson)의 *Guide to Heaven*을 베어드 선교사가 번역한 것인데, 베어드(Baird)는 이책을 1894년에 전체적으로 개역하였다.

이도염과 귀주, 두 부인이 세례받기를 원했을 때 호주 선교사들은 배위량에게 성경문답을 요청하였는데, 이때는 1894년 2월 하순경이었다. 배위량이 두 차례 면접을 한 후 쓴 2월 28일자 일기에서 "저들이 신앙을 고백하였고 그 중 한 사람은 재치 있게 대답하였지만 누가 사람의 마음을 알리요?"라고 했다. 이 점을 보아도 그는 성급한 열매를 기대하지 않았다. 이 점은 선교부에도 중요한 일이지만 한국 교회를 위해서도 유익한 조처였다. 세례 교인수에 대한 지나친 관심은 왕왕이 값싼 세례를 남발하게 되고, 값싼 세례는 결국 선교부에 값비싼 손실을 가져온다는 중국 선교의 교훈을 그들은 알고 있었다.

심상현도 1894년 4월 6일과 16일 배위량에게 문답을 받았다. 배위량은 첫 번 문답을 통해 심서방이 참된 신자인 것을 확인하였고, 두 번째 문답에서는 이 점을 의심 없이 확신하였다고 기록했다. 그래서 이들은 1894년 4월 22일, 부산진에 있던 호주 선교사들이 거주하는 한옥에서 부산지방에서의 첫 세례식을 거행하게 되었다. 이 역사적인 예식에는 13명의 남자와 22명의 여자, 그리고 22명의 어린 아이들이 참석하였는데, 당시 선교사관이 협소하였으므로 모든 가구들은 밖으로 옮겨 놓았다고 한다. 이날 예식은 찬송, 기도, 성경봉독 순으로 진행되었고, 배위량 선교사는 심상현씨에게 먼저 세례를 베풀고 이어서 두 부인에게 차례로 세례를 주었다.

이날 세례를 받은 세 사람은 부산지방에서 복음전도를 위해 헌신적으로 일했다. 특히 심상현은 호주 선교부가 설립한 일신(日新)학교 교사로, 그리고 선교부의 관리자로 봉사했다. 그러나 세례를 받고 6개월이 지난 1894년 10월 중순 경 갑작스럽게 세상을 떠났다. 사인

이나 사망일에 대한 분명한 기록은 없다. 그러나 10월 18일자로 기록된 빅토리아주 청년연합회 회장이었던 캠프(Kemp)씨에게 보낸 아담슨 선교사의 편지에서 19일 장례식을 치른다고 한 점을 미루어 볼 때 심상현의 사망일은 15일 혹은 16일로 추정된다. 그의 죽음은 선교부로서는 크나큰 손실이었다. 그러나 아담슨 선교사는 "우리의 잃음은 하나님의 얻음이라(Our loss is His gain)"며 위로를 구했다. 심상현의 죽음은 복음의 진보에 일조하였다. 심서방의 영향으로 그의 부모가 신앙을 갖게 되었고, 그의 동생 심취명(沈就明) 또한 신앙을 갖게 되었다. 그리고 선교부가 운영하던 남자학교 교사였던 심서방의 사촌뻘 되는 김씨(성명 미상) 또한 기독교로 개종하였다. 이들은 심서방이 세상을 떠난 지 약 1년 뒤인 1895년 11월에 함께 세례를 받았다. 아버지 심씨는 남자학교의 한문교사로, 심상현의 동생 취명은 형의 뒤를 이어 처음에는 한국어 선생으로, 후에는 일신여학교 교사로, 그리고 선교부가 주관하는 집회에서 학습반을 가르치며 신앙교육을 담당했다. 그 후 1904년에는 장로가 되었다. 부산에서는 물론, 경상도 지방, 아니 한강 이남에서 최초로 장로가 된 것이다. 후일 그는 왕길지(G. Engel) 선교사의 권고로 평양신학교를 졸업하고 1909년 목사안수를 받음으로써 이 지방 최초의 목사가 되었다. "눈물로 씨를 뿌린 자는 기쁨으로 거두리라"(시 126:5)는 말씀처럼 선교사들의 희생과 봉사는 후일의 결실을 예비하고 있었던 셈이다.

07
한글 성경은 어떻게 번역되었을까?

우리말로 성경이 번역된 때는 언제였을까? 그리고 누구에 의해 번역되고, 오늘 우리에게까지 전해졌을까? 오늘 보따리는 성경번역 이야기이다. 우리나라는 오랫동안 기독교가 금지된 나라(terra incognito)였다. 외부인의 입국이 금지되었고, 외국인과의 접촉도 경원시되었다.

특히 1866년의 8월에 있었던 제너럴 서만(General Sherman)호 사건, 그로부터 3년 후에 있었던 남연군(南延君) 묘(墓) 도굴사건, 그리고 1871년의 신미양요(辛未洋擾) 등는 배외(排外) 척화(斥和)의 정당성을 입증하는 사례였다. 따라서 쇄국의 담은 높아만 갔다. 서양 오랑캐가 침범하는데 싸우지 않고 화친하는 자는 나라를 팔아먹는 매국노이기에, 이들을 엄벌로 다스려 자자손손 경계로 삼겠다(洋夷侵犯 非戰則和 主和賣國 戒我萬年子孫)는 소위 척화비가 도처에 세워졌다.

배외척사론(排外斥邪論)은 그 시대의 정신이었다. 위정척사파, 이를테면 최익현(崔益鉉, 1833-1906) 같은 이는 서양인만이 아니라 일본인도 똑같은 놈들(其實洋賊)이기 때문에 화약(和約)을 맺으면 그릇된 종교가 전파되어 이 나라에 편만하게 될 것(邪學傳授 遍滿一國)이라고 경고했다. 이런 상황에서 그 누구도 감히 입국을 시도할 수 없었다.

그래도 목숨을 걸고 이 나라에 들어왔던 전도자들이 있었다는 사실 자체가 놀라운 일이 아닐 수 없다. 조선은 역사의 벼랑에 서 있었으나, 국경 밖에서 조선의 갇힌 영혼을 위해 애타게 울부짖는 이들이 없지 않았다. 언젠가 쇄국의 녹슨 빗장이 무너질 때 이 나라의 영혼을 위해 조선어 성경을 준비해야 한다는 이들도 있었다. 그들이 바로 1870년대 만주에 와서 일했던 로스와 맥킨타이어였다.

이들은 비록 입국하지는 못했으나 성경번역을 통해 향후 한국선교를 위해 중요한 기여를 했다. 존 로스(John Ross, 羅約翰, 1841-1915)와 존 매킨타이어(John MacIntyer, 馬勤泰, 1837-1905) 목사는 1872년 스코틀랜드연합장로교회(United Presbyterian Church)로부터 파송 받은 중국 선교사들이었다. 그들의 관심은 만주만이 아니었다. 그들의 콩밭은 조선이었다.

1841년 8월 9일 출생한 로스는 에딘버러의 연합장로교신학교에서 신학교육을 받고 1872년 3월 20일 목사안수를 받았다. 그해 3월 25일에는 스튜어트(M. A. Stewart) 양과 결혼하고 1872년 가을 중국 지푸에 도착하였다. 이때 그는 31세였다. 이미 산동반도에는 여러 선교사들이 있었으므로 그는 만주 지방 선교를 계획하고 영구(營口)

한글 성경번역의 선구자 존 로스

로 이주하였다. 여기서 중국어를 공부하며 『사서삼경』(四書三經)을 배우고 중국의 관습과 문화를 익혔다. 그러나 그해 아내는 첫 아기를 출산하고 사망하자 갓 태어난 아이의 양육을 위해 자신의 누이 동생까지 임지로 오게 했다.

매킨타이어는 로스보다 5년 연상으로 1837년 7월 18일 스코틀랜드의 록 로먼드 지방의 루스(Luss)에서 출생했다. 그도 에딘버러의 연합장로교신학교를 졸업하고 1865년 목사안수를 받은 후 1871년 중국으로 왔고 이곳에서 로스와 합류하게 되었다. 이때까지 미혼이었던 매킨타이어는 마침 로스의 갓난아이를 위해 중국으로 온 로스의 누이동생과 결혼하게 된다. 이로써 로스는 매킨타이어의 매제가 되었고 이제 함께 선교를 위해 동사하게 되었다.

이 두 사람은 중국에 도착한 때로부터 조선선교에 관심을 갖게 되었다. 그것은 윌리암슨으로부터 조선의 종교적 상황을 듣고 알게 되었기 때문이다. 로스는 조선인에 대한 연민의 마음으로 압록강 상류 린장(臨江)까지 여행한 일이 있으나, 조선인과 접촉할 수는 없었다. 그러나 1874년 10월에는 조선인과 만날 의도로 영구를 떠나 가오리먼(高麗門, Corean gate)까지 방문한 일이 있었다. 고려문은 남만주 평황청(鳳凰城) 투카에 있었는데 의주에서 약 120리 떨어진 곳이었다. 이곳에서는 연 2회 봄 가을 정기 시장이 열렸고 조선인과 만주인 사이의 교역이 이루어졌다. 1876년 9월, 로스는 다시 고려문을 방문하였는데, 중요한 목적은 한국인과의 접촉이었다.

한국인을 만나고 한국인의 도움 없이는 한국어 성경 번역이 불가능했기 때문이다. 이들은 "낫 놓고 기역(ㄱ)자"도 몰랐으나 한국어 성경번역의 꿈을 안고 변방까지 찾아왔던 것이다. 이때 로스는 한국인 이응찬(李應贊)을 만나게 된다. 섭리적 만남이었다. 그를 통해 한글을 배우게 되었고, 그는 후일 성경번역에 소중한 동역자가 되었다. 로스는 이응찬 외에도 김진기(金鎭基), 이성하(李成夏), 백홍준(白鴻俊, 1848-1893), 그리고 후에는 서상륜(徐相崙) 등을 만나게 된다. 이들을 통해 한글을 배우며 성경을 번역하는 일을 시작할 수 있게 되었다. 예수는 믿지 않겠다고 했던 이들이지만 선교사와 함께 일하는 동안 심경의 변화를 가져왔고, 1879년에는 세례까지 받았다. 이들이 한국인으로서의 첫 수세자들이었다. 이응찬, 김진기, 이성하, 백홍준은 1879년에, 서상륜은 1882년에 세례를 받았다.

로스는 한국에 입국한 일이 없으나 한국인들의 도움을 받아 한글을 익혔고, 1877년에는 『한국어 첫걸음』(A Korean Primer)이라는 문법책을 출판하였다. 비록 89면에 지나지 않는 한국어 회화책이었으나 이 책은 영어로 된 최초의 한국어 회화 교재였고, 특히 한글이 창제된 이후 띄어쓰기를 한 최초의 한국어 책이었다. 의주출신 청년들에게 한글을 배웠기에 북한지역 방언으로 꾸며져 있으나 이 책에는 조선인의 영혼을 향한 애정이 서려 있다. 그로부터 5년 후 이 책은 101면으로 증보되어 『한국어 회화』(Corean Speech with Grammar and Vocabularly) 라는 제목으로 다시 출간되었다. 로스는 언어연구만이 아니라 1879년에는 『한국, 그 역사와 관습과 풍습』(Corea, Its History, Manners and Customs)이라는 404면에 달하는 책을 런던에서 출판했다. 이 책은 서양 언어로 기록된 한국의 역사와 풍속에 관한 최초의 책으로 알려져 있다.

매킨타이어 역시 한국어에 대한 애정이 있었다. 비록 한국에 입국할 수는 없었으나 후대 선교사들을 위해 1879년 『한국언어론』(Notes on the Corean Language)이라는 저작을 남겼다. 이것은 한국어에 대한 방대한 연구였고, 한국어의 음성학, 구조 등에 대한 체계적인 연구였다.

이처럼 한국어와 한국의 역사, 문화를 공부한 로스, 그리고 매킨타이어는 한국인들의 도움을 받으면서 성경을 번역하는 일을 시작했다. 성경번역은 상당한 인내를 요구했다. 성경원전에 대한 이해에서 부터 중국어와 조선어까지 이해하지 않으면 안 되었다. 그러나 날이 밝으면 책상에 앉아 해가 떨어지고 밤이 깊어질 때까지 이 일을 계속했다. 이때의 성경 번역방법은 불완전한 점이 없지 않았다. 한국인 조력자들이 1864년 간행된 한문 신약성경 『신약전서문리』(新約全書 文理)을 읽고 그것을 한글로 번역하면 로스와 매킨타이어는 헬라어 성경과 흠정역(King James Version), 그리고 영어 개역성경(English Revised Version) 등을 참고하여 검토한 후 역문을 결정하는 방식을 취했기 때문이다. 말하자면 한문 신약성경을 대본으로, 헬라어 성경과 영어 성경은 준(準) 대본이었다. 이런 방법이 당시로는 차선책이었을 것이다.

1878년에는 로스가 안식년으로 만주를 떠났다. 이때는 매킨타이어가 로스의 일을 대신했다. 각고의 노력 끝에 1882년 3월에는 누가복음이, 5월에는 요한복음이 역간되었다. 이 당시에는 '요한복음'이라 하지 않고 '요안네의 복음'이라고 불렀다. 이것이 한국어로 된 최초의 성경이었다. 이듬해에는 마태복음과 마가복음이, 1884년에는 사도행전이, 1885년에는 로마인서와 고린도전후서, 갈라디아서, 에베소서 등이 역간되었다. 그러다가 1887년에는 신약전서가 완역되었다. 이렇게 번역된 성경이 『예수셩교젼셔』이다. 2천5백만 한국인을 위한 계시의 말씀이었다. 이 성경을 『로스역 성경』(Ross Version)이라고도 부른다. 스코틀랜드성서공회(National Bible Society of Scotland)의 지원으로 봉천에 있는 문광셔원에서 활판으로 인쇄되었다. 이 번역본에서는 한문투의 어휘가 적고 구어체가 많이 사용되었으나 서북방언 등 토박이 말이 많이 사용되었다는 점이 약점으로 지적되기도 한다. 이 성경이 국내에서 1900년 『신약젼셔』가 출판되기까지 유일한 한국어 신약성경 번역본이었다.

08
우리나라의 첫 교회 소래교회의 설립

앞에서 우리는 만주에서 시작된 한국어 성경번역에 대해 살펴보았다. 1882년 우리말로 된 최초의 성경, 곧 누가복음과 요한복음이 각각 3천부씩 발간되었다. 이 책을 비밀히 짐 속에 숨겨 국경을 넘어 들어와 한인들에게 보급하기 시작하였는데 이것이 우리나라에서의 매서(賣書) 전도의 시작이 된다. 이름 그대로 책을 팔면서 전도하는 방식이다.

한국 최초의 전도자이기도 했던 백홍준은 서간도 한인촌과 의주를 비롯한 평북일대에서 매서 전도에 종사하였다. 1892년에는 평양 감사 민병석의 지시로 의주에서 체포되어 2년간 옥고를 치르고 옥사하여 한국인 첫 개신교 순교자가 되었다. 인쇄공으로 복음서 인쇄에 종사하였던 김청송은 서간도 한인촌에서 활동하였다. 서상륜 또한 매서 전도를 통해 신앙공동체 형성에 크게 기여한 인물로 알려져 있다. 그는 1882년 한글 쪽 복음서를 가지고 비밀리 입국하던 중 검문에 걸려 투옥되었으나 탈옥한 후 외척이 있는 황해도 장연으로 가 동생 서경조와 함께 성경을 보급하며 전도하였다. 그 결과로 1883년 5월 16일, 한국에서의 첫 교회가 설립되었는데, 그것이 송천(松川)교회 곧 소래교회이다. 소래교회가 설립된 곳은 황해도 장연군 대구면(大救面) 송천리인데, 대구면의 '대구'(大救)는 이름 그대로 '큰 구원' 이란 뜻이다. 어떻게 이곳이 큰 구원이란 뜻의 '대구'면이 되었는지 알 수 없으나 흥미로운 일이 아닐 수 없다. 이찬영 목사에 의하면 이곳은 현재의 황해남도 용연군 구미리라고 한다.

 소래교회 설립연한에 대해서는 다른 견해가 있어왔다. 1885년 설(조선예수교장로회사기 상, 김양선, 한규무), 혹은 1884년설(민경배, 이만열)이 있으나 북한 출신 인사들(김대인, 박성겸, 이찬영)이나 소래교회 출신 신자들은 1883년설을 지지하고 있다. 이런 차이는 어느 시점을 교회 설립년으로 볼 것인가에 따라 다른 견해가 있을 수 있다. 그런데 김대인 목사는 『숨겨진 한국 교회사』를 통해 여러 가지 증거를 제시하며 1883년 설립을 강하게 주장하고 있다. 또 서경조가 『신학지남』에 기고한 "서경조의 신도(信道)와 전도(傳道)와 송천교회 설립역사"[9]에서 소래로 이주한 때가 1883년이라고 명시하고 있는데, 이때 전도한 결과로 교회가 설립되었다고 할 때 소래교회는 1883년에 설립된 것으로 볼 수 있다.

 소래교회는 서상륜 형제의 전도로 설립되었으나 이 동네 유지 김윤방 씨가 믿은 후 그의 일가가 주축이 되어 후에는 58세대 동네에서 52세대가 신자가 되었다고 한다. 처음에는 초가에서 모였으나 1895년 8칸 기와집 예배당을 건축했고, 1934년에는 함석지붕의 희년기념 예배당을 건축했다고 한다. 이 교회 첫 장로가 된 사람이 서경조였다.

---

9 『신학지남』7권4집(1925. 10), 88-90참고. 서경조는 소래로 이주한 때를 1883년이라고 말하고 있다. "一千八百八十三年 癸未年에 長淵 松川洞에 移住ㅎ게 된지라."

그때가 1900년이었
다. 같은 해 평안남도
에서는 김종섭이 장
로가 되었다. 서경조
의 장로장립이 1895
년이었다는 주장도
있으나 일반적으로

1895년 당시의 황해도 장연군 대구면의 소래교회

『조선예수교장로회 사기, 상』에 근거하여 1900년에 장립한 것으로
보고 있다.[10] 서경조는 한국 최초의 장로였고, 1907년에는 한국 교회
최초 칠인 목사 중 한 사람이 되었다. 서경조의 아들 서병호는 한국 최
초로 유아세례를 받았고 후일 새문안교회 장로가 되었고 경신학교 교
장을 역임했다.

소래교회 초기 신자로는 김승록(金昇錄), 차명재(車明在), 정승희
(鄭承喜), 김윤오(金允五), 안제경(安制卿) 등으로 알려져 있다. 또 서
울여자대학교를 설립했던 고황경 박사의 조부 고학윤(高學崙, 1853-
1937) 또한 소래교회 출신이었다. 그는 부산지방 초기 선교사들인 로
버트 하디, 휴 브라운, 윌리엄 베어드, 사이더 보텀 선교사의 조수였
고 부산에 거점을 두고 일했던 전도자였다. 또 한국의 여성지도자였
던 김필례, 후일 남궁혁 박사의 부인이 되는 김함라, 여성독립운동가
로서 후일 김규식 박사의 부인이 된 김순애, 여성독립운동가 김마리

---

10 『조선예수교장로회 사기, 상』, 64. 1900년 기록은 다음과 같다. "長淵郡 松川敎會에서 徐
景祚를 長老로 將立하야 堂會를 組織하니 是乃 我國敎會의 最先 長老더라. 同時에 敎人이 協
力 涓金하야 瓦家 八間 禮拜堂을 新築하얏다가 翌年에 敎人이 增多함으로 瓦製八間을 增築하
니라."

아 여사, 그리고 저명한 의사가 되어 연세대학교 부총장을 역임했던 김명선 박사 등도 소래교회 출신이었다. 1887년 9월 27일 언더우드가 서울에서 새문안교회를 설립했을 때 절대다수가 소래출신 기독교인들이었다. 소래교회는 첫 교회였을 뿐 아니라 초기 한국 교회 형성에 중요한 역할을 감당했다. 이렇게 볼 때 소래와 소래교회는 '한국 교회의 요람'이었다.

09
이수정과 일본에서의 성경번역

한글 성경번역은 거의 비슷한 시기에 두 갈래로 진행되었는데, 첫째는 앞에서 소개한 만주에서의 번역이고, 둘째는 일본에서의 번역이다. 이제 일본에서의 성경번역에 대해 소개하고자 한다. 만주 우장에서 한글 성경이 번역되고 있을 때 일본에서는 이수정(李樹廷, 1842-1886)이라는 한국청년에 의해 성경번역이 시도되고 있었다. 전라남도 곡성 출신인 이수정의 가계나 그 자신의 이력에 대해서는 알려진 것이 별로 없다. 도일하기 전의 그의 신분에 대해서도 이견이 있지만 일반적으로 홍문관 교리 혹은 통리외무아문(統理外務衙門)의 협판(協辦)이었던 것으로 알려져 있다. 말하자면 외무부 관리였던 셈이다. 이수정은 임오군란(壬午軍亂) 당시 민비를 보호해 준 공로에 대한 고종황제의 특별한 배려로 일본에 가게 되었는데 이때 이수정은 일본에 파견되었던 수신사(修信使) 박영효(朴泳孝)의 비공식 수행원이었다. 그가 일본에 도착했을 때는 1882년 9월 28일이었다. 일본에 도착한 이수정은 농학연구를 목적으로 당시 일본 농학계의 저명한 인사이자 일본 농정(農政)의 권위자였던 쯔다센(津田仙)을 찾아 갔다. 쯔다센은 덕망 있는 기독교 신자였는데, 그의 딸은 구라파 유학을 한 최초의 일본여성이었다. 그를 찾아 간 이유는 농업기술에 대한 관심 때문이었다.

이수정은 신사유람단(紳士遊覽團)의 일원으로 일본에 갔던 친구 안종수(安宗洙)를 통해 "공자(孔子)의 빛은 부분적이므로 일본의 어두운 곳까지 비치지 못하나, 예수의 빛은 해와 같아서 일본은 물론 이 지구의 이 끝에서 저 끝까지 비춘다."는 말을 듣고 기독교에 대한 관심을 가진 것으로 보인다. 3개월 간의 공무를 끝내고 일본에 계속 남아 있었던 이수정은 쯔다센과 교분을 계속하면서 그를 통해 기독교 신앙을 배우게 된다. 이것은 그의 개인의 삶은 물론 한국 교회의 미래에 중요한 변화를 주게 된다. 일본에 간지 3개월 이후부터 교회에 출석하기 시작하였고 이때부터 신앙은 깊어졌다. 그 결과 1883년 4월 29일 주일, 동경의 로루게즈쬬(露月町) 교회에서 야스까와 토오루(安川亨, ?-1908) 목사에게 세례를 받았다. 이렇게 되어 이수정은 일본 땅에서 세례를 받은 첫 한국인이 되었다. 세례 받은 후 약 두 주가 지난 5월 12일에는 한문으로 자신의 신앙고백서를 발표했는데, 이것은 그의 변화된 행로를 예시해 주는 것이었다. 신앙을 고백한 이수정은 보다 적극적으로 신앙의 길을 갔고, 1883년 말에는 7, 8명의 한국인 수세자를 얻음으로써 일본에서 최초의 한인 신앙공동체를 형성했다.

이제 그의 관심은 더 넓은 곳, 말씀의 바다로 향하고 있었다. 성경을 갖지 못한 동료 한국인들에 대해 부담을 느끼기 시작하였고, '그 말씀'을 번역하는 일에 눈을 뜨게 된다. 그는 일본주제 장로교 선교사 녹스(George Knox)의 도움을 받으며 성경연구에 진력하였다. 그리고 미국 장로교 목사로서 미국성서공회 총무였던 루미스(Henry Loomis) 목사의 요청과 도움으로 복음서 번역을 시작하였다. 루미스는 1872년부터 일본에 체류해 왔는데 1881년부터는 미국성서공회 총무로 일하고 있었다. 이수정은 언어적 재질이 있었다. 그는 한문성경과 일본어성경을 대조하면서 신약성서 마태전(馬太傳), 마가전(馬可傳), 누가전(路加傳), 요한전(約翰傳), 그리고 사도행전(使徒行傳) 등을 차례로 번역하였다. 이렇게 번역한 성경이『현토한한신약성

일본에서 이수정이 번역한 마태전

서』(縣吐漢韓新約聖書)였다. 이 책은 1884년 요코하마의 '대영 및 외국성서공회'를 통해 출간했는데 이 번역본은 신약성경 전서가 아니라 복음서와 사도행전만으로 엮어진 성경이었다. 또 이 책은 엄밀한 의미에서 번역본이라기 보다는 이름 그대로 한문에 토(吐)를 단(懸) 성경에 지나지 않았다. 그러나 이것은 한문에 익숙한 조선인들이 싶게 성경을 읽도록 하기 위한 것이었다. 우리말 신약전서가 만주에서 역간된 때가 1887년이었음을 고려해 볼 때, 이때의 성경이 비록 신약전서는 아닐지라도 조선의 구도자들을 위한 긴요한 안내서였다.

이수정은 '토를 단' 성경으로 만족하지는 않았다. 그는 완전한 번역을 시도했다. 이렇게 하여 나온 첫 책이 마가복음이었다. 마가복음은 부피가 적기 때문에 이수정은 이 책을 우선 번역한 것으로 보인다. 마가복음 번역본은 1885년『신약 마가전 복음셔 언히』라는 이름으로 요꼬하마에서 미국성서공회를 통해 간행되었다. 초판은 1천부 인쇄되었

는데, 그해 4월 언더우드와 아펜젤러가 일본을 경유하여 한국으로 입국할 때 가지고 온 성경이 바로 이 마가복음 번역본이었다. 이수정은 한문으로 된 마가복음을 주 대본으로 하여 일본어 성경, 영어 성경, 그리고 헬라어 원문을 대조하면서 번역하였다고 한다. 이 번역본은 만주에서 번역된 『예수셩교젼셔』와는 달리 국한문 혼용체였고, 고유명사 표기가 원어에 가깝고 한문투의 용어가 많은 것이 특징이다.

이 번역본에서 이수정은 '하나님'을 어떻게 번역했을까? 한문성경에서는 '상제'(上帝)로, 일본어 성경에서는 '가미'(神)로 번역하였으나 그는 '천주'(天主)로 번역했다. '천주'는 천주교도들에 의해 이미 사용되고 있었기 때문에 그대로 사용하기로 한 것으로 보인다. 그 밖에 '세례'는 '빕테슈마'로, 그리스도는 '크리슈도스'로 각각 음역하여 헬라어 원문에 충실하려고 했다. 이 번역본은 순 한글역을 지향하면서도 지식인들의 편리를 위해서 중요한 단어는 한자로 표기하고 한글로 토를 달았다. 이렇게 번역된 마가복음서를 『신약 마가젼 복음셔 언히』라고 한 것은 유교와 불교 서적의 한글역을 '언히'라고 했기 때문이다. 1885년에 번역된 이 번역서는 1882년 만주에서 간행된 누가복음 번역본에 이어 한글로 번역, 간행된 두 번째 한글 성경이라고 할 수 있다. 이수정은 계속하여 성경번역에 몰두했으나 작업이 진전되지 못했고 빛을 보지 못했다. 이수정의 1885년판 마가복음 번역본은 1887년 언더우드, 아펜젤러, 그리고 한국인 송덕조 등의 공역으로 개정되어 요꼬하마에서 재출간되었다.

이수정은 일본에서 성경번역을 시도한 일 외에도 한국선교를 위해 노력하였다. 당시 일본에는 이미 미국 선교사들이 활동하고 있었고, 또 한국은 강화도조약의 결과로 1876년 개항한 이후였으므로 이제 한국에서의 기독교 선교는 더 이상 지체될 수 없다고 보았기 때문이다. 이수정은 1883년과 1884년 녹스 목사의 이름으로 "조선의 사정"(Condition of Korea)이라는 서한 형식의 원고를 『세계선교평론』(The Missionary Review of the World)에 발표했다. 이 글이 바로 '그리스도의 종 리쥬테'(A Servant of Christ Rijute)의 호소문으로 알려진 글로써 언더우드와 아펜젤러의 내한에 영향을 준 것으로 평가되고 있다. 이수정은 일본체류 4년을 마감하고 1886년 5월 28일 귀국하였으나 개화파와 보수파의 정치적 갈등에 연루되어 체포되었고 오해와 모략을 받아 곧 처형된 것은 우리 모두의 아픔으로 남아 있다. 백낙준은 미국 북장로교 해외 선교부의 엘렌 파아슨(Ellen C. Parson)의 『한국선교 십오년사』(Fifteen Years in the Korea Mission)의 기록에 근거하여 이수정이 배교했다고 주장하지만,[11] 이 점은 분명치 않다. 만주와 일본에서 번역된 한글 성경이 비록 완전한 번역본은 아니었으나 초기 한국인 구도자들에게 안내 역할을 했다는 점에서 의미 있는 작업이었다.

---

11 백낙준, 『한국개신교사』(연세대학교 출판부, 1974), 94-95.

10
한국 교회의 찬송가

　기독교가 처음 한국에 소개되고 예배가 드려졌을 때 어떤 찬송을 불렀을까? 외국인 선교사가 입국하여 선교사업을 시작할 당시 우리에게는 찬송가가 없었다. 그러나 점차 신자들이 생겨나게 되었을 때 무슨 노래를 불렀을까? 초기에는 우리말 찬송이 없었기 때문에 불가피하게 한문으로 된 중국어 찬송가를 이용했다고 한다. 백홍준, 서상륜을 중심으로 시작된 새문안교회도 처음에는 중국어 찬송을 불렀다고 한다. 백홍준의 딸 백성관은 이렇게 회상했다. "내가 어렸을 때 나의 아버지는 만주로부터 돌아오셔서 매일 새벽이면 기도하시고는 나지막한 소리로 '쥬 예수 아이워(主耶蘇愛我)'를 부르시던 기억이 난다." 아펜젤러는 자신이 편집한 찬송가 서문에서 "조선말로 찬미를 쓰기는 그리 쉬운 일이 아니었나니 조선교회에서 처음에는 지나(支那) 찬미가에서 얼마를 써 보았으나 가사의 뜻을 잘 알 수 없었으며"라고 했다. 한글 찬송이 보급되기 전에는 중국어 찬송이 사용되었음을 말하고 있다. 이화학당이나 배제학당의 채플에서는 영어 찬송을 불렀다고 한다. 한국어 찬송이 없던 당시로서는 불가피한 일이었을 것이다. 이런 현실에서 한글 찬송가 편찬은 시급한 과제였다.

처음에는 지역이나 선교부에 따라 각기 다른 찬송을 지어 불렀는데, 우리나라에서 최초로 찬송가가 편찬된 때는 선교사가 입국한지 8년이 지난 1892년이었다. 그것이 감리교의 존스(G. A. Jones)와 로드와일러(L. C. Rothweiler)가 편집한 『찬미가』였다. 27편이 수록된 악보 없는 수형본(手形本) 찬송가였는데 감리교 전용 찬송가였다. 이 찬미가에는 북장로교의 애니 베어드(Annie Baird, 1864-1916)가 만든 10곡이 포함되어 있었다. 이 찬미가는 판을 거듭하며 보완되었고, 1900년 제5판에서는 176장으로 증보되었다.

감리교의 『찬미가』가 나온 지 2년 후인 1894년에는 장로교의 언더우드에 의해 117곡으로 편집된 『찬양가』가 출판되었다. 이 찬송가 상단부에는 사성부(四聲部) 악보가 그려져 있고, 하단부에는 기사를 기록한 형태였다. 이것이 한국에서 서양식 악보가 인쇄된 최초의 음악책이었다. 이 『찬양가』의 특색은 '하나님' 칭호를 '여호와' 혹은 '아버지'로 표기하고, '하나님'이라는 용어는 전혀 사용하지 않았다는 점이다. 언더우드는 '하나님'이라는 칭호는 한국 재래의 신 관념을 표현하는 것이라고 보아 이 용어를 의도적으로 기피했다. 그래서 그가 만든 찬송가에서 '하늘의 아버지' 혹은 '상주'(上主)라는 표현은 썼으나 '하나님'이란 칭호는 전혀 사용되지 않았다. 이 찬양가는 주로 서울지방에서 사용되었다. 선교 초기에는 지역적으로 다른 노래가 불려지기도 했고, 편집된 찬송가가 널리 보급되지도 못했다. 말하자면 첫 10여 년 동안은 통일된 찬송가 없이 예배를 드렸음을 알 수 있다.

1895년에는 장로교 선교사 그래함 리(Graham Lee)와 기포드(Gifford) 부인이 편집한 『찬셩시』가 출판되었는데 54곡을 수록하고 있었다. 이 책은 서북지역에서 주로 사용되었는데, 계속 증보되어 1902년에는 장로교공의회에 의해 공식찬송가로 채택되었다. 이후 개정 증보되어 1905년에는 이를 기초로 마펫이 『곡보찬셩시』를 간행했다. 137곡을 수록한 이 찬송가가 장,감의 합동 찬송가가 출판되기 전까지 장로교의 공식찬송가로 자리 잡았다. 감리교의 존스와 로드와 일러의 『찬미가』도 계속 증보되어 1902년에는 207곡으로 증보되어 감리교회의 찬송가로 자리 잡았다.

흥미로운 점은 선교사와 무관하게 15편의 노래를 수록한 『찬미가』가 1907년 간행되었다는 점이다. 윤치호(尹致昊, 1864-1945)가 역술한, 무악보의 이 찬미가의 제1장이 황제폐하송이었고, 14장은 애국가였다. 4장으로 구성된 황제폐하송의 1장은 다음과 같다.

우리 항샹폐하
텬디일월갓치
만수 무강

산 놉고 물 고흔
우리 대한 데국
하나님 도우사
독립부강

곡은 '피난처 있으니 환란을 당한자 이리오게'와 같은 것이었다. 반면에 14장 애국가는 지금의 애국가와 거의 동일한데, 곡은 스코틀랜드의 민요 '올드 랭 사인'(Auld Lang Syne)에 맞추어 부르도록 표시되어 있었다. 후에는 찬송가에서 삭제되고 곡도 안익태 곡으로 바뀌었다. 이 찬미가가 교회의 공적인 찬송가로 채택되지는 않았으나 1908년 재판까지 발행되었다. 국운이 기울던 당시의 충군애국적인 신앙을 보여주고 있다.

한국에서의 찬송가 편찬에 기여한 인물은 침례교선교사 펜윅(M. C. Fenwick)이었다. 그는 14장의 찬송을 편집한 『복음찬미』를 1899년 독자적으로 발행한 바 있다. 이 찬송도 계속 증보되어 1939년 판에는 274곡을 수록하였다. 이 찬송이 동아기독교(침례교)의 공식 찬송가가 되었다.

한국에서 장로교회와 감리교회는 연합과 일치를 위해 통일된 찬송가를 불러야 한다는 인식이 열매를 맺어 1908년에는 장감 연합의 『찬숑가』가 발행되었다. 262곡을 수록한 이 찬송가는 이전의 번역을 다듬고 세련된 가사로 개작했다. 6곡은 한국 고유의 곡조로 부르도록 배려했다. 편집위원은 베어드 부인(Annie Baird), 밀러 (F. S. Miller), 벙커(D. A. Bunker)였다. 1908년 초판은 6만부, 1910년까지 22만5천부, 1911년 한해동안 5만부가 발행되었다. 이 찬송이 오늘까지 불리는 찬송가의 모태가 되었다. 찬송가는 한국음악에도 영향을 끼쳤고, 교회는 서양 음악인을 키워낸 온상이었다. 최초의 피아니스트 김영환, 최초의 서양음악교사 김인식, 현재명, 박태준, 안익태 등도 교회가 배출한 음악가들이다.

제 3 부

한국 교회 신앙과 전통

01. 학습제도는 어떻게 시작되었을까?
02. 새벽기도회는 어떻게 시작되었을까?
03. 어떻게 금주, 단연이 한국 교회 전통이 되었을까?
04. 금주, 단연 운동과 금주가(禁酒歌)
05. 절제 운동과 금주, 단연 운동
06. 날연보(日捐補)는 어떻게 시작되었을까?
07. 성미제도는 어떻게 시작되었을까?
08. 한국 교회 직분의 기원
09. 한국 교회 초기 예배당 양식
10. 교회 종(鍾)
11. 초기 한국 교회에서의 권징
12. 최초의 기독교식 결혼식
13. 사무엘 무어와 백정해방운동
14. 진주에서의 백정해방운동

01
학습제도는 어떻게 시작되었을까?

'세례'란 그리스도와 연합을 의미하며 죄 씻음에 대한 상징적인 예식이다. 다른 종교에도 비슷한 의식이 있으나 기독교에서는 신자가 교회의 지체가 될 때 단 한번 받는 의식이다. 세례는 일차적으로 "씻는다"는 뜻을 지니지만(행 22:16), 고전 헬라어에서는 '물에 잠기다'는 의미가 있다. 코이네 헬라어에는 '씻다'는 의미로 사용되었다(막 7:4, 눅 11:38). '세례'를 침례교도들은 '침례'로 읽어야 하다고 주장하지만, 정결 의식을 가리키는 밥티스마를 '세례'로 번역한 것은 잘 된 일이다. 침례란 세례 형식의 문제이므로 침례를 세례의 대칭어로 이해하는 것은 옳지 않다.

그렇다면 '학습'(學習)이란 또 무엇인가? 이 학습제도는 한국에만 있는가? 그리고 한국 교회는 언제부터 이 제도를 시행하여 왔을까? 결론부터 말하면 학습은 세례이전의 교육과정으로써 우리나라에만 있는 고유한 제도는 아니다. 초대교회에도 세례 희망자를 위한 긴 학습 과정이 있었고, 19세기 이후 아시아, 아프리카의 피 선교국가에서도 세례받기 이전에 일정기간의 학습 기간이 있었다.

신약성경에 보면 믿는 자들에게 즉각적인 세례가 행해졌다. 예루

살렘에 모인 사람들이 베드로의 설교를 듣고 곧 세례를 받았고, 구스의 내시가 빌립의 전도를 받고 곧 세례를 받았다. 누구든지 그리스도를 영접하면 즉각적인 세례를 베풀었다. 아마도 당시 개종자들은 거의 전부가 유대인이었으므로 이들은 기독교인의 생활과 복음에 관해 기본적인 이해를 하고 있었기 때문에 즉각적인 세례가 가능했을 것이다. 그러나 점차 교회가 제도화되고, 교회의 질서가 강조되기 시작하자 세례도 규범화되어 갔다. 그 중의 한 가지가 세례를 위한 학습 과정이었다. 교회 내에 이방인의 숫자가 많아지면서 나타난 자연스런 현상으로 볼 수 있다. 학습의 기간(catechumenate)에는 차이가 있었지만, 3세기경부터는 약 3년이었다. 이 기간 동안 세례희망자들은 교육을 받았고 시험에 통과해야 세례를 받을 수 있었다. 세례식은 연 1회 부활절에 행해졌다. 이 당시 3년의 학습 기간을 요구했던 것은 아마도 박해를 견뎌내기 위해서는 보다 철저한 신앙교육이 필요하다고 보았기 때문일 것이다. 4세기 이후에는 꼭 3년을 요구한 것은 아니지만 세례 희망자는 부활절이 되기 수주일 전에 등록을 하고 필요한 학습을 받았던 것으로 보인다.

그러나 그것은 이름 그대로 기독교의 가르침에 대한 학습의 기간이었을 뿐이지 우리나라에서처럼 세례받기 이전에 반드시 거쳐야 하는 공적 고백으로 요구되지는 않았다. 우리나라에서는 본래의 취지와는 달리 학습은 거의 형식화되었고, 공적 고백만을 중시하고 있는 것은 문제라고 할 수 있다.

우리나라에서 학습은 1891년부터 시행된 것으로 보인다. 이 점을 보여주는 중요한 문서가 "1891년 북장로교 선교회 규칙과 세칙"(Presbyterian Northern Mission Rules and By Laws of 1891)이다.[12] 이 문서 제 1부(A section) 10항에서는 "특별한 경우를 제외하고는 세례희망자 전원은 6개월 혹은 그 이상의 교육과정을 밟게 한다."는 기록이 있다. 이 지침에 따라 세례받기 이전의 약 6개월 혹은 그 이상의 학습기간이 시행되기 시작했다. 교육 중인 자를 '학습인' 혹은 '학습교인'이라고 불렀다. 입교한 후 세례받기 위해 학습을 시작하는 이들에게 다짐을 받았는데, 이것이 오늘의 학습문답이 된 것이다. 그러므로 1890년 이전에는 공식적인 학습교인이 없었다.[13] 그러나 앞서 언급한 초대교회나 외국의 경우와 같이 공식적인 시작 이전인 1890년 두, 세 명의 학습교인이 심사를 받고 선교사들에게 할당되어 수세전 두 주간 동안 교육을 받았다는 기록이 있다.[14] 따라서 이들이 첫 학습교인이었다고 볼 수 있다. 학습인이란 이름 그대로 세례희망자로서 세례받기 위한 교육과정 중인 자를 의미했을 뿐이다. 1891년에는 15명의 학습인(Catechumens)을 확보하였고, 1892년에는 60명이 넘는 이들이 학습인이 되었다.

북장로교 1892년의 기록에 보면 "62명의 세례지원자, 곧 학습인이 받아들여져서 조직적인 교육을 받게 하기 위해 선교회 회원들에게 할당되었다."는 기록이 있다. 이때는 북장로교회에 의해 학습기간에 대한 규정이 제정된 이후이므로, 이들이 6개월 간의 학습을 받은 후

---

12 C. A. Clark, *The Nevius Plan for Mission Work*, 99.

13 *Quarter Centennial Report, Presbyterian North Mission*, 24.

14 마펫의 기록으로써 *Quarter Centennial Report, Presbyterian North Mission*, 24 참고.

정식 학습교인이 되었다고 볼 수 있을 것이다. 비록 학습제도가 북장로교 선교부에 의해 시작되지만, 이 결정은 타 선교부에도 영향을 주었고, 주한 각 선교부가 자연스럽게 이 제도를 수용했다.

해방 전까지 한국에 온 선교사 수는 약 1천 5백명에 달했는데, 그 중 북장로교 선교사는 335명으로 전체 내한 선교사의 22.5%에 달했다. 또 이들은 주한 선교부 간의 협의체인 선교사 공의회나 선교사 연합기관에서 주도적인 역할을 감당하였다. 이런 점 때문에 북장로교 선교부는 한국 선교와 정책입안 과정에서 상당한 영향력을 행사하고 있었다.

비록 한국 교회 초기에 학습제도가 시행되었지만 이 당시만 하더라도 오늘날 시행되는 바와 같은 어떤 영구적인 학습문답 제도에 대해서는 생각하지 못했다. 단지 선교사들은 기독교와는 전혀 다른 이방 종교 관습 속에 살아온 한국인들에게 적어도 6개월 간의 교육이 필요하다고 보았을 따름이다. 세례받기 이전의 중간고백 단계로 여기지는 않았었다. 입교후 학습을 받겠다고 신청하면 학습인이 되어 6개월 간의 학습 하에 있었을 뿐이며, 이들을 학습교인이라고 불렀다.

어떻든 학습제도는 한국 교회에 정착되었고, 1896년 북장로교 통계를 보면 학습교인의 수는 2천명이 넘었다. 1902년에는 5천 9백 68명에 달했고, 1906년에는 1만 1천 25명에 달했다. 1909년에는 2만 4천여 명으로 나타나 있다.

비록 6개월 간의 학습 기간이 있었지만 1900년대 이후 정상적인 학습이 이루어졌는가에 대해서는 의문이 있다. 왜냐하면 세례신청자는 각 지역에서 급증하였고, 교육받은 내국인이 많지 않았기 때문이다. 한국인 사역자들이 배출되기 이전에는 지역교회를 할당받은 선교사들이 지역교회를 순회했는데, 보통 6개월 주기로 순방했다. 이런 사정에 따라 예수 믿고 6개월 후에는 학습을, 학습 후 6개월이 지나면 세례를 베푸는 관습이 생겨났다. 한국 교회가 연 2회 성찬식을 거행했던 것도 이런 사정 때문이었다. 선교사 순방 시에 성례를 거행했던 것이다. 현재는 학습문답을 하지 않는 교회도 생겨난 것을 보면 교회 관습의 변화를 보는 듯 하다.

02
새벽기도회는 어떻게 시작되었을까?

한국 교회는 기도하는 교회로 알려져 있다. 서양인들은 이구동성으로 한국 교회는 기도하는 교회라는 점을 지적하고 있다. 이 점은 1907년 한국 교회 대부흥 당시 한국을 방문했던 요나단 고포드(Jonathan Goforth)가 쓴 소책자, 『성령의 불길이 한국을 휩쓸 때』(When the Spirit's Fire Swept Korea)에서 특별히 강조했다. 기도는 생존의 기로에 서 있던 한국 교회 힘의 원천이었고, 고난과 가난, 시련과 좌절을 이기는 힘이었다. 그러했기에 한국 교회는 기도하는 교회였다. 그 기도의 능력으로 오늘의 교회로 설 수 있었다.

한국 교회의 독특한 기도관행은 새벽기도회인데, 서양인들은 여명기도회(Dawn prayer meeting)라고 불렀다. 이 새벽기도가 개인의 신앙에는 물론이려니와 한국 교회 성장의 주된 요인이었던 것으로 평가되고 있다. 그렇다면 새벽기도회는 언제부터, 그리고 누구에 의해 시작되었을까?

선교사였던 스왈런(W. L. Swallen)의 기록은 새벽기도회의 연원에 대한 정보를 주고 있다. 그는 선교사들이 편집 발간하던 『한국선교지』(The Korea Mission Field)에 기고한 글에서 새벽기도회는 길선주 전도사(장로)에 의해 시작되었다고 한다. 당시 평양 장대현교회 장로였던 길선주는 평양의 교회가 영적으로 각성되지 못하고 있음을 보고 답답하게 여긴 나머지 동료 장로와 새벽에 기도하기로 작정하고 새벽 4시 교회에 가서 기도하기 시작하였는데, 이것이 새벽기도회의 연원이 되었다고 한다. 이 기도의 결과로 영적 부흥이 일어났고, 그 이후 새벽기도회는 교회의 공식적이 집회로 전국으로 확대되었다고 한다. 스왈런은 다음과 같이 쓰고 있다.

"평양에 있는 큰 중앙교회(장대현교회를 의미함- 필자주)의 한국인 사역자 길선주는 평양의 신도들의 모습속에서 차가운 냉기가 감도는 것을 느끼고 그의 교회 동료 장로와 함께 매일 새벽 교회에 기도하러 가기로 결심하였다. 겸손하고 주를 의지하는 믿음을 가진 이 두 사람은 이 사실을 아무에게도 알리지 않고 매일 새벽 4시에 기도하기를 두 달 동안 계속하였다. 그러나 점차 이 사실이 소수의 사람들에게 알려지게 되자 더 많은 사람들이 이 기도회에 참석하기 시작하였다. 길선주 전도사는 다른 사람들도 이 기도회에 참석하기를 원한다는 사실을 알고 주일 아침 예배 시간에 이 사실을 알리고 새벽 4시 반이면 종을 치겠노라고 광고하였다. 그 이튿날 밤 1시에 이미 교인들이 교회에 오기 시작하였고 밤 2시에는 수백명이 모였다. 처음 종을 쳤을 때는 4, 5백명이 모였고, 몇 일 후에는 이른 새벽에 모이는 교인이 6백명에서 7백명에 달했다. 넷째 날에는 저들이 모여 기도할 때에 갑자기 온 회중이 자신들의 무심하고, 냉냉

한 죄를 회개하고, 사랑이 없고 교회를 위해 봉사할 마음이 없었던 죄를 통회하기 시작하였다. 그 후 그들은 사죄의 기쁨을 맛보고 하나님을 위해 봉사하고자 하는 강한 욕망을 갖게 되었다. 이로부터 4일 동안 기도와 찬양과 하나님의 뜻을 구하는 기도가 계속되었을 때 길 전도사는 이제 무엇인가 일을 할 수 있는 때가 되었다고 판단하고 얼마나 많은 분들이 믿지 않는 이들을 주께 인도하기 위해 하루 종일 나가서 전도하겠는가 물었다. 이때 모든 사람이 손을 들었다."[15]

이 기록에는 새벽기도회가 시작된 정확한 날짜에 대한 언급이 없다. 그러나 정황을 고려해 볼 때 1906년 늦은 가을부터로 추정해 왔고, 함께 기도하기 시작했던 동료는 길진경의 기록에 의하면 박치록(朴致錄) 장로였다.[16] 길선주 목사는 일기책에서 친필로 "1906년 동기 대사경회 때에 성신 강림하시다."라고 기록했는데,[17] 이 기록과 관련하여 새벽기도회가 실질적으로 그 성령의 뜨거운 역사의 연원이 된 것으로 보았다. 그래서 1906년 가을부터 시작된 새벽기도회는 1907년 대부흥의 영적 동력이 되었다고 설명해왔다.

이런 견해를 대표하는 이가 김인서(金麟瑞) 장로였다. 그는 이렇게 말한다. "1906년 가을에 장대현교회 조사로 시무할 때에 박치록 장로와 함께 새벽기도를 시작한 지 한달 쯤에 크게 은혜됨으로 이를 당회

---

15 W. L. Swallen, *The Korea Mission Field*, Vol. V, No 11. (Nov. 1909), 182.
16 길진경, 『靈溪 吉善宙』(종로서적, 1980), 183.
17 길진경, 183.

에 청원한 지 수차만에 당회 결의로 전 교회가 새벽기도를 계속할 새 교인들이 새벽 종소리만 들어도 울면서 예배당에 나왔다. 이리하여 시작한 새벽기도가 1907년 대부흥의 준비기도가 되었던 것이니 전 세계에 새벽기도회는 선생으로부터 비롯한 것이다."[18]

그러나 최근에는 앞에서 인용한 스왈런의 기록이 1909년 백만인 구령운동 기간임을 암시하고 있다는 점에서 새벽기도회는 1906년이 아니라 1909년에 시작되었다는 주장이 설득력을 얻고 있다. 정리하면, 새벽기도회는 길선주 전도사와 박치록 장로 개인의 결심으로 1909년에 시작되었고, 이후 한국 교회의 공식적인 집회로 확산된 것이라 할 수 있다. 물론 그 이전에도 새벽에 기도했다는 기록이 없지 않다. 그러나 그것은 사적인 기도였고, 교회의 공적 기도회는 아니었다.

새벽기도회를 시작한 길선주는 어떤 인물일까? 그는 1896년 3월 15일 안주(安州) 성내 후장동에서 출생했는데, 원래 선도(仙道)에 몰두했던 인물이었다. 친구 김종섭의 권면으로 『천로역정』을 읽고 회심한 후 1897년 29세에 교회에 출석하기 시작하였다. 그해 8월 15일에는 평양성 판동(널다리골) 교회에서 이길함(Graham Lee) 선교사에게 세례를 받았다. 1901년 33세 때 평양 장대현교회 장로가 되었고, 1903년에는 평양신학교에 입학하였다. 1907년 6월에는 평양신학교를 제1회로 졸업하고 그해 9월 목사안수를 받았다. 그는 장대현교회에서 20년간 목회하였고 1936년 11월 26일 사망하였다. 그가 1907

---

18 김인서, "靈溪先生小傳 後篇," 「信仰生活」 5/1(1936. 1), 28.
"영계 선생

년 1월 평양 장대현교회에서 1,500여 명이 운집한 가운데 사경회가 개최되었을 때 자신의 죄를 고백했던 일은 한국 교회 대부흥을 촉발하는 계기가 되었다. 그는 유력한 장로이자 담임전도사였고, 존경받는 위치에 있었으나 하나님 앞에서 자신의 부끄러운 일을 고백했다.

"나는 아간과 같은 자입니다. 나 때문에 하나님께서 축복을 주실 수가 없습니다. 약 1년 전 내 친구가 임종시에 나를 자기 집으로 불러 말하기를 '길장로, 나는 이제 세상을 떠나지만 내 집 살림을 돌보아 주시오. 내 아내는 무능하니까 말일세.' 라고 부탁을 했습니다. 그때 내가 잘 돌 볼테니 염려 말라고 대답했습니다. 그러나 나는 그 미망인의 재산을 관리하던 중 일부를 사취했습니다. 나는 하나님의 일을 방해해 온 것입니다. 내일 아침에 그 돈 전액을 그 주인에게 돌려드리겠습니다."

그의 회개 이후 집회에는 큰 변화가 나타났다. 회개와 자복이 이어졌고, 한국 교회는 부흥의 물결이 파도치기 시작했다.

중국 선교사로 대부흥 당시 한국을 방문했던 요나단 고포드(Jonathan Goforth, 1859~1956)는 다음과 같이 쓰고 있다. "이때 무겁게 짖누르고 있던 영적 방해물은 제거되었고 거룩하신 하나님께서 친히 임재하여 주셨습니다. 죄책감이 청중을 휩쓸고 말았습니다. 그날 저녁 집회는 7시에 시작되었는데 다음날 새벽 2시까지도 끝나지 못했습니다. 수다한 교인들이 일어선 채로 울면서 자기 죄를 자백했습니다."[19]

길선주는 하나님의 말씀을 진정으로 사랑한 분이었다. 그는 구약을 30회(창세기에서 에스더서까지는 540회) 통독했고, 신약은 100회 이상 통독했다고 한다. 그가 사랑했던 요한서신은 500독했고, 요한계시록은 1만독 했다고 한다.[20] 뿐만 아니라 그는 교회부흥을 위해 힘썼던 부흥의 사람이었다. 새벽기도와 함께 통성(通聲)기도는 한국 교회의 교유한 전통이 되었는데 1907년 대부흥 당시 통성기도는 보편화되었다.

---

19 요나단 고포드(김용련 역), 『1907년 한국을 휩쓴 성령의 불길』(생명줄, 1977), 15.
20 요나단 고포드, 182.

03
어떻게 금주, 단연이 한국 교회 전통이 되었을까?

한국 교회는 술과 담배를 멀리하는 아름다운 전통을 지니고 있다. 이 전통은 언제부터 있어왔을까? 그리고 왜 술과 담배를 금하게 되었을까? 이번에는 이 이야기로 한국 교회의 뒤안길을 헤쳐 보고자 한다. 1960년대까지만 해도 금주(禁酒)와 단연(斷煙)은 신자의 당연한 의무로 알아 한국 교회 전통으로 지켜가려는 의지가 있었으나 그 후 점차 이런 의식이 희미해지고 있다.

한국에 왔던 초기 선교사들은 대체로 청교도적 배경을 지닌 이들이었다. 주일을 성수하고 카드놀이를 범죄로 생각했으며 먹어도 유익이 없고, 안 먹어도 모자람이 없는 술과 담배에 대해 부정적이었다. 그러나 처음부터 이를 금한 것은 아니었다. 한국 교회 초기, 성탄절이 되면 술을 빚어서 교인들이 함께 나누어 마신 일이 있고, 예배당에 들어올 때 신발장 옆에 담뱃대를 정열 해 두었다가 예배가 폐하면 각자 자기 담뱃대를 들고 예배당 뜰에서 담배를 피웠다는 기록도 있다. 특히 성탄절이 되면 교회에서 함께 술을 마신 일이 있었다고 한다. 앞집의 김서방이 생일을 당해도 함께 술을 마시고, 뒷집 박서방의 생일에도 술을 마시는데 하물며 예수님이 오신 날 그냥 있을 수 없다는 정서였

면려회보에 게재된 금주관련 기사, 1933. 5. 10.

다. 김길창(金吉昌) 목사는 창원지방 최초의 신자였던 자신의 선친이 진노인 정노인과 함께 "일국의 왕자가 탄생해도 온 국민이 술과 춤으로 즐기는데, 하나님의 아들이 탄생하신 날 그냥 지날 수가 없다."며 탁주잔을 권하며 술을 마시던 모습을 어린 날의 추억으로 회상한 바 있다.²¹ 당시로서는 술은 특별한 날 함께 즐기는 여흥으로 여기고 있었다. 그러했기에 성탄절이 가까이 오면 예수를 믿지 않는 동네 사람들이 술을 빚어 예배당 앞마당에 가져왔는데, 그것은 구주탄신을 축하하는 부조(扶助)였다.

장로교회의 첫 목사 선교사인 언더우드(H. G. Underwood)는 한때 흡연을 했던 것으로 알려져 있다. 그가 화란개혁파 계통의 신학교에서 교육받았기 때문에 주초문제에 대해서는 자유롭게 생각하는 편이었다. 부산 경남지역에서 활동했던 호주 선교사들 중에는 흡연을 하는 이들이 있었다. 맹호은(F. J. L. Macrae), 부오란(F. T. Borland) 선교사가 대표적인 경우인데, 이들의 흡연 사진이 남아 있다. 맹 선교사가 창원 가음정교회 당회장으로 있을 때 담배를 많이 피웠다. 그가 함안의 칠원교회를 순회할 때 손종일 장로(손양원 목사의 부친) 집에 유했는데, 당회로 모이기 위해 방문을 열고 들어가니 담배연기가 자욱하여, 문을 열고 담배연기를 내 보낸 일이 있었다고 한다.²²

예외가 없지 않지만 초기 선교사들은 대체로 술과 담배는 금해야 할 것으로 여겼다. 중국에 갔던 선교사들은 아편은 금했으나 술과 담배에 대해서는 규제하지 않았다. 한국에 온 선교사들도 일정기간 음주문제에 대해 관망했던 것으로 보인다. 그러나 1890년대 초부터 선교사들은 술과 담배의 해악을 깨닫기 시작했다. 곧 신앙의 유익과 건덕 차원에서 금주와 금연이 강조되기 시작했다. 술의 부정적 효력을 목도하고, 또 음주로 패가망신한 경우를 보았기 때문이었다. 다소 과

21　김길창,『말씀따라 한 평생』(아성출판사, 1971), 33.
22　가음정교회,『가음정교회 90년사』(창원가음정교회, 1996), 51-52.

장된 표현일 수 있으나 우리의 음주 습관은 인사불성 상태까지 가는 과도한 것이었다. 서양인들은 한국의 음주문화를 '살인적'(lethal)이라고 불렀다.

초기 선교사들은 도박과 축첩을 금하고 혼인, 장례 등에서의 악습과 구습(舊習)을 타파하고 비합리적인 인습, 비과학적 의식을 개조하고자 노력하였다. 그 일환으로 금주 단연이 강조되기 시작했다. 이때가 선교사가 입국한지 약 10년이 지난 후였다. 1894년부터 금주 권장에 대한 기록을 찾아 볼 수 있다. 선교사들은 선교초기에는 어느 정도 허용하는 입장이었으나, 1894년 전후부터 금주, 단연의 필요성을 강조하여 계주론(戒酒論)을 폈다. 즉, 술은 재산을 탕진하고 백성들을 점점 곤궁토록 만들며, 장부의 기운을 꺾어 회복하지 못하도록 한다. 즉, 건강과 재산의 손실을 가져온다고 경계하였다.

감리교는 1894년부터 금주정책을 견지했는데 그해 8월에 모였던 감리교 선교회에서는 교회의 금주입장을 공식적으로 결의했다. 장로교도 비슷한 시기에 금주, 단연을 강조한 것으로 보인다. 1897년 4월 『죠션 그리스도인 회보』에는 제물포에 사는 이가 단주(斷酒)한 사실을 들어 "참 새로 난 사람"이라고 보도한 일이 있었다. 술의 폐해가 컸기 때문에 금주를 입신(入信)의 전환적 결단으로 보았던 증거였다. 이때를 전후하여 한국 교회 일각에서는 술의 해악을 지적하는 계주론이 더욱 강조되었다. 금주, 금연운동을 추진할 때 크게 3가지 점에서 그 이유를 설명했다. 첫째는 신앙상 유익하지 않다는 점이었다. "술먹다가 죽으면 그 영혼이 하나님께로 갈 수 없다"는 극단적인 주장도 없지 않았다.[23] 둘째는 건강에 해롭다는 의학적인 이유를 들었다. 그래서 우생학적으로 본 음주의 해독에 대해 강조하고 연구결과를 제시하기도 했다. 셋째는 개화 혹은 국민의식 계몽을 위한 의도가 있었다. '없이할 물건'이라는 제목의 이런 논설이 남아 있다.

"술은 바른 생애로 수고하야 모흔 제물을 뻬아스며 걸인과 죄인을 만들고, 집을 망케하며, 협잡과 뇌물과 사정을 셩행케 하야 사무를 그르치고 국재를 람용하며 부셰를 묵엄게 하고 유익한 일에 쓸 돈을 여러 백만금식 해로운 일에 허비하야 항상 이전졍 군색하게 하니, 만일 술에 업새는 재물을 일용지물에 쓰면 사롱공상이 다 흥왕하고 돈업서 어려워하는 괴로움이 구름갓치 헛터줄지니 경제상으로나 도덕샹으로 보면 술은 업시할 물건이어날 오날 날 어찌 그대로 두니 괴이하도다."[24]

---

23 "계주론," 『조선그리스도인 회보』, 32호(1897. 9. 8).
24 "업시할 물건," 『죠션 그리스도인 회보』, 1897년 12월 29일자.

04
금주, 단연 운동과 금주가(禁酒歌)

한국에서의 조직적인 금주, 단연 운동이 일어난 것은 1900년 이후였다. 1900년 감리교의 존스(G. H. Jones, 1807-1919) 선교사는 전도인, 권사, 속장들의 모임에서 술을 마시는 교우들을 "즉시 출교" 하겠노라고 경고한 일이 있다. 이 무렵 서울의 새문안교회는 음주자를 치리한 일도 있다. 이 교회는 음주행위를 4중적 범죄로 규정했다. 첫째는 하나님께 범죄 하는 일, 둘째는 교회법을 어기는 일, 셋째는 부모, 형제, 처자에게 광언지설(狂言至說)하는 일, 넷째는 자기 몸을 망하게 하는 일로 보았다. 〈그리스도 신문〉 1897년 5월 7일자에서는 이렇게 기술하고 있다.

"담배 먹는 사람은 죽을 때까지 불편한 것시 만흐니라. 이런 사람은 여러 가지 병이 잇나니 힘줄이 약하고 가슴이 답답하고 념통이 더 벌덕 벌덕하고 슈전증이 나고, 안력에 대단히 해롭고 여러 가지 병이 만흐니라."

그러나 차츰 한국 교회는 신체적 해독만이 아니라 도덕적 향상, 흡연이 국민경제에 미치는 영향, 그리고 하나님이 거하는 전(殿)으로서

조선여자 기독교절재회연합회가 펴낸 금주운동지

의 몸에 대한 신앙적 동기 등에서 금연을 강조하였다.

이와 같은 일련의 금주, 단연 운동의 결과로 한국 교회 초기부터 예수를 믿는다는 것은 술, 담배를 끊는다는 것과 동일한 것으로 이해되었다. 그러기에 한국 교회 전통에서는 주일성수(主日聖守), 조상제사 중지, 노름 및 도박의 금지, 축첩(蓄妾)반대 등과 함께 금주, 단연은 세례 받을 때 가장 중요하게 요구되었다. 이 다섯 가지는 삶의 뚜렷한 변화를 요구한 것이었지만 당시로 볼 때 매우 힘겨운 요구였다. 그러나 이런 결단을 통해 기독자적 삶의 방식을 보여주었고, 성수주일, 금주, 단연은 신자의 생활의 중요한 표식으로 이해되었다. 그래서 선교사 노혜리(H. A. Rhodes)는 "다행한 점은 조선의 불신자들은 신자는 의례이 금주한다는 것을 자명한 사실로 생각합니다. 교회는 절대 금주를 주장합니다. 신자는 금주운동의 선험자입니다." 라고 말한 바 있다.

한국 교회에서 금주, 단연운동은 1910년 이후에는 절제 운동(節制運動)을 통해 보다 구체화되었다. 절제 운동이란 1834년 미국에서 시작된 사회개량운동으로 음주, 흡연, 아편 등을 억제하고 절제하는 삶을 지향하는 운동으로써 우리나라에 처음 소개된 것은 감리교 여의사 커틀러(M. Cutler)에 의해서였다. 이때가 1892년이었다. 그런데 1905년 을사조약이 체결된 후 민족지도자들은 국채 보상운동의 일환으로 대대적인 절제 운동을 제창하였다. 따라서 이때에는 교회나 교회지도자들에 의해서 만이 아니라, 민족 지도자들에 의해서도 금주, 단연이 강조되었다. 신앙이나 건강상의 이유만이 아니라 민족운동과 관련된 것이었다. 금주, 금연으로 절약한 재화로 외채를 청산하자는 정신이었다.

선교사들에 의해 '기독교 절제회'(基督敎 節制會)가 정식으로 조직된 때는 1911년이었다. 이후 1년 동안 금주, 금연, 순결에 관한 문서를 제작 배포하고 이 운동을 조직적으로 전개하였다. 1912년에는 평양, 황해도 황주(黃州) 등지를 중심으로 계연회(戒煙會)가 조직되었고 점차 전국적으로 확대되었다. 이 계연회는 금연으로 절약한 돈을 모아 외지에 전도인을 파송하는 전도운동을 겸했다.

1917년부터 1941년까지 주일학교 '장(長) 감(監) 연합공의회'가 발행하는 주일학교 장년 및 유년공과에 절제에 관한 내용을 삽입하여 교회학교에서 절제교육을 실시하였다. YMCA는 1920년부터 각 지방 YMCA를 통해 금주, 금연회를 조직하여 절제 운동을 전개하였고, 1923년 감리교회도 각 지방에 금주회를 조직하였다. 1930년에는 각 연회에 절제부를 두어 이 운동을 총괄하였다. 1933년에 공포된 감리교회의 '사회신경'(社會信經)에는 "심신을 패망케 하는 주초와 아편의 제조, 판매, 사용금지" 조항이 삽입되었다.

1931년 간행된 『신정 찬송가』에는 감리교인 임배세(林培世)가 작사, 작곡한 '금주가'가 포함되기도 했다.

1. 금수강산 내 동포여
술을 입에 대지마라
건강지력 손상하니
천치될까 늘 두렵다

2. 패가망신될 독주는
빚을 내어 마시면서
자녀교육 위하여는
일전한푼 안쓰려내

3. 전국 술값 다합하여
곳곳마다 학교세워
자녀수양 늘 시키면
동서문명 잘 빛내리

4. 천부주신 내 재능과
부모님께 받은 귀체
술의 독기 받지 말고
국가위해 일할찌라

후렴.
아 마시지 마라 그 술
아 보지도 마라 그술
우리나라 복 받기는
금주함에 있나니라.

장로교회는 음주만이 아니라 누룩의 제조, 판매를 금지하는 문제를 장로교 총회에서 논의한 바 있다. 즉, 1924년 함남(咸南)노회는 누룩매매업에 관여하는 교인의 치리문제를 헌의하였는데, 총회에서는 "누룩 장사하는 교인에 대하여 치리할 문제는 본 당회가 권면하여 보고 그 형편에 따라 치리 할 것"을 결의했다. 이와 같은 과정에서 금주와 단연은 한국 교회의 아름다운 전통으로 자리잡게 되었다.

05
절제 운동과 금주, 단연 운동

　한국에서 절제 운동과 이에 대한 교육을 가장 적극적으로 추진한 교회는 구세군이었다. 구세군은 한국선교를 시작한 직후인 1910년 10월부터 매년 1회 〈구세신문〉의 '금주호'를 발행하고 전 국민을 대상으로 대대적인 계몽운동을 펴기 시작했다. 1919년 10월호 〈구세신문〉에 실린 "단음흠이 가흠"이라는 글에서는 "딕개 술이라 ᄒᆞᄂᆞᆫ 음식은 재앙과 패망과 죄악과 형벌을 이루는바 좋지 못한 물건"이라고 지적하였다. 그 밖에도 단계적이고 체계적인 논지로 〈구세신문〉의 각 특집호는 술과 담배의 경제적, 건강상의 손실과 윤리적 심령적 타락 가능성을 일깨웠고, 나아가 민족경제 문제까지 계몽하였다. 이런 운동에 사회 각층의 인사들이 조력하였다. 〈구세신문〉의 "금주호"는 철도 공무원들에게 배부되거나 호별 방문을 통해 배부했고, 가두 판매되기도 했다. "금주호"에 첨부, 인쇄된 금주 서약서가 많은 독자들의 관심과 금주 결심을 촉발시켰다. 이런 노력은 금주와 금연의 유익에 대한 사회적 분위기를 조성하는데도 일익을 담당했다.
　술을 금하고, 담배를 끊고, 몸과 마음을 정결케 하자는 한국 교회의 절제 운동에 대해 당시 언론들도 비상한 관심을 가지고 격려하였다.

예컨대, 1934년 3월 2일자 동아일보는 "절제있는 생활"이라는 사설을 통해 삶의 목적이 여흥에 있지 않다고 말하고 술은 개인이나 사회에나 백해무익하다고 지적하였다. 또 "조선에서 1년에 1백 70만석의 술이 양조되고 있는 한, 해마다 조선 내에서 3,530만원(圓)이란 거액의 돈을 담배 빨아 연기로 태워버리는 우맹(愚盲)한 행동이 유지

조선기독교절제회가 제작한 음주금지 포스터, 1933.

되는 한, 생활고를 운운(云云)하는 것은 광자(狂者)이다. 청년아, 맹성(猛省)이 있을지어다." 라고 쓰고 있다.

1930년대 금주, 단연운동은 전국적 운동으로 전개되었다. 특히 1935년 2월 10일은 '금주의 날'로 선포되었다. 이때를 전후하여 조선기독교 여자절제회와 조선예수교 연합공의회 등이 주최하는 금주 가두행열, 금주 강연회가 전개되기도 했다. 이때 계몽을 위해 불리던 절제 운동가 중에는 이런 노래도 있었다.

1. 꿈을 깨어라 동포여 지금이
   어느때라 술먹나

개인과 민족 멸망케 하는 자
　　그 이름 알콜이라

2. 입에 더러운 담배는 왜대리
　　용단하라 형제여
　　몸과 정신을 마비케 하는 것
　　담배란 독약이라.

후렴.
술잔을 깨치라
담배대를 꺾어 버려라
2천만 사람의 살 길은
절제 운동 만만세

　한국 교회는 1910년대 이후 절제 운동을 통해 금주, 단연운동을 교회의 가장 중요한 사회활동으로 전개했는데, 이 절제 운동을 단순히 국민의식 운동으로만이 아니라 입법 활동을 통해 법제화하려고 시도했다. 그 중심 인물이 송상석(宋相錫, 1897-1978) 목사였다. 이때가 1930년대였다. 한국 교회는 미성년자의 금주, 금연을 법적으로 규제함으로써 청소년을 음주와 흡연의 해악으로부터 보호하고자 했다. 이보다 앞서 1929년 9월, 조선예수교장로회 총회, 조선기독교 감리연회, 조선기독교 남감리 4연회, 조선 주일학교연합회 등 여러 단체는 '미성년자 음주, 흡연 금지법실시 기성동맹회'(未成年者飲酒, 吸煙禁止

法實施 期成同盟會)를 조직하고 입법촉구 운동을 시작하였으나 곧 와해된 일이 있다. 1932년에는 앞에서 언급한 바처럼 '조선기독교절제운동회'가 창립되었고, 1935년 12월 16일에는 이 조직을 중심으로 '미성연자 음주, 흡연 금지법 실시 촉성회'를 결성하기도 했다. 그 면면을 살펴보면 당시 교계의 지도자들이 망라되어 있었다. 윤치호(尹致昊, 위원장), 정인과(鄭仁果), 양주삼(梁柱三), 오긍선(吳兢善), 백낙준(白樂濬), 김창준(金昌準), 이대위(李大偉) 등이 위원이었다. 그 실무자는 송상석 총무였다. 이 촉성회는 포스터 제작, 순회강연, 위정당국 교섭, 여론형성 등을 통해 이 운동을 전개하였다. 1937년(소화 12년) 6월에는 당시 총독 미나미 지로(南次郎)에게 '미성년자 음주 흡연 금지법 실시에 관한 참고자료'를 제출하고 이 법을 실시해야 할 필요성과 이유를 설명하기도 했다. 특히 《금주신문 禁酒新聞》이라는 제호의 기관지를 발간하여 이 운동을 확산시켜 나갔다. 총무였던 송상석 목사는, 아래와 같이 금주 단연법을 제정하도록 정부 당국에 촉구하였다.

"무슨 가닭으로 미성년자 금주 흡연 금지법을 조선에는 실시하지 않느냐! 정부 당로자(當路者)여! 빨리 각성하십시요. 우리들은 금반 양법(兩法)이 조선에도 실시되도록 하는 운동을 개시했다. 당국의 색안경과 일부의 반대가 있는 것은 예상되지마는 천하 정의인도(正義人道)의 인사여, 하(下)의 각항에 대한 이해있으시기 바라노라."

그리고 금주 단연법 제정의 필요성을 6가지로 제시하였다.

일본에서는 이미 미성년자 흡연이 1900년(명치 33년) 3월 6일자로 발표된 법률 제33호로, 음주는 1922년(대정 11년) 3월 29일 제정된 법률 제20호로 각각 금지되고 있었으나, 조선에서는 이런 입법화에 대해 미온적이었다. 일제의 식민통치는 근본적으로 우민화 정책이었고, 한국에 유곽과 공창제도를 도입하고 아편 판매를 허용했던 것을 보면 한국 청소년들의 건강과 정신 함양에 소극적이었음을 알 수 있다. 그러나 한국 교회 지도자들의 끈질긴 노력으로 1938년 3월 26일 미성년자 금주 금연법이 칙령 제145호로 제정되어 1938년 4월 1일자로 효력을 발생하였다. 입법 활동을 시작한지 9년만에 얻은 결과였다. 당시 20세 이하는 미성년자로 간주되었다.

이런 과정을 거쳐 금주, 단연은 한국 교회의 아름다운 전통으로 자리 잡게 되었다. 미국이나 영국에서는 18세기부터 금주운동이 교회를 중심으로 전개된 일이 있는데, 이것은 영국과 미국에서 일어난 부흥의 결과였다. 복음에 대한 반응은 자연스럽게 개인의 삶을 변화시켰고, 개인의 변화는 자연스럽게 사회와 공동체를 변화시켰다.

06
날연보(日捐補)는 어떻게 시작되었을까?

한국 교회의 특이한 풍속이 무엇인가라고 물으면 우리는 보통 새벽기도라고 말한다. 물론 새벽기도는 외국의 교회에서는 찾아볼 수 없는 한국 교회의 독특한 기도형태라고 볼 수 있다. 그런데 이것이 과연 한국 교회의 특이한 기도관습이었는가에 대해서는 이견이 있다. 예수님도 새벽미명에 기도하시고, 한적한 곳에서 홀로 기도하지 않았느냐고 말한다. 그러나 이런 유추는 옳지 않다. 예수님이 새벽미명에 기도하셨다고 해서 그것이 오늘 한국 교회에서 공식적으로 행하는 새벽기도와 동일시하는 것은 개별적 사건과 보편적 관행을 구분하지 못하는 과오이다. 새벽기도 말고도 우리나라 교회에는 또 다른 신앙의 아름다운 풍속이 있었다. '날연보'였다.

날연보(日捐補)란 이름 그대로 날(日)을 바친다는 뜻이다. 복음을 위해서, 그리고 주의 교회를 위해서 물질과 마음 뿐만이 아니라 어느 한 날을 주의 일을 위해 바친다는 의미였다. 이 아름답고도 숭고한 헌신을 선교사들은 날드림(Day-offering) 혹은 날헌납(subscription of days)이라고 불렀다. 우리나라에서 날연보가 시작된 것은 1907년 대부흥의 여파로 일어난 백만인구령운동(百萬人救靈運動) 기간 중으로 알려져 있다. 1909년에 시작된 이 운동은 이름 그대로 백만인의 영혼을 구하자는 전도운동이었다. 리드(Dr W. T. Reid)를 비롯한 스토크(Rev M. B. Stokes), 갬블(Rev F. K. Gamble) 등 남감리교의 젊은 선교사 3사람은 1907년 대부흥 이후 부흥의 불길이 식어지는 것을 안타깝게 여기고 한국인 신자들과 함께 5만명의 영혼이 회개하고 돌아오도록 기도하기 시작하였는데, 그해 9월에 모인 남감리회선교회 연회는 세 선교사의 제안을 받아들이면서 20만구령운동으로 그 목표를 확대하였다. 그로부터 약 한 달 후인 10월 9일 서울에서는 "복음주의선교회협의회"(General Council of the Evangelical Missions)가 개최되었는데, 이 협의회에서는 리드의 제안으로 이 전도운동을 전국적으로 전개하기로 하고 그 목표를 100만명으로 확대하였다. 이것이 백만인구령운동(A Million Souls for Christ)의 시작이었다. 당시 한국 인구는 1천 3백만이었고,[25] 기독교 신자는 8만여 명에 지나지 않았다는 점을 고려해 본다면 백만인구령운동은 만용에 가까운 야망이었다. 일제는 이 운동에 대해 주목하였는데 이것이 독립운동의 일환이 아닌가하는 우려 때문이었다. 사실 한국에 기독교 신자 100만명만 있으면 독립할 수 있다는 내면의 확신이 있었던 것도 사실이었다.

  백만구령운동의 중요한 방법은 대중집회 외에도 가가호호를 방문하고 전도문서와 쪽복음서를 배포하는 일이었다. 따라서 많은 전도자와 시간을 바치는 인력이 필요했다. 이런 배경에서 전도를 위해 날(日)을 바치겠다는 운동이 일어났고 이것이 바로 날연보의 기원이 되

---

25 G. T. B. Davis, *Korea for Christ* (London: 1911), 6.

었다. 전도를 위한 집회가 열리면 물질을 헌금하듯이 날을 바치겠다는 날연보 순서가 있었다. 집회 중에 기도와 찬송, 설교의 순서가 있듯이 날연보 순서가 되면 신도들은 "나는 열다새(15일)를 바치겠소," "나는 한 달을 바치겠소"라고 하면 그것을 기록하여 두었다. 개개인이 자기의 직업상 편리한 때를 정해 인근 지역으로 나가 전도하는 날로 쓰겠다는 서원이었다. 이 날연보는 전국으로 퍼져 마침내 수천, 수만의 전도날짜가 기부되었다. 『북장로교선교회 25주년 보고서』에 보면 다음과 같은 흥미로운 기록이 남아 있다.

"부산의 한 사경회에서 35명이 900일을 기부하였으며, 선천의 한 사경회에서는 2,200일을 기부하였다. 이에 대한 정확한 통계는 없으나 전국에서 아마 일년에 도합 4만일 정도는 작정되었을 것이다. 이 나라의 어떤 지역에서는 미전도지역이나 마을에 복음을 전하면서 교회들이 일치 협력하는 습관이 있었다."[26]

이러한 날연보는 외국에서는 그 유래를 찾아 볼 수 없는 낯선 것이지만 가슴뭉클한 감동을 준다. 1909년 10월 9일 윌버 채프만(Dr J. Wilbur Chapman), 찰스 알렉산더(Mr Charles M. Alexander)와 그 일행이 서울에 도착했는데, 백만인구령운동을 결정한지 꼭 3시간 후였다. 이들의 전도여행단은 하와이, 피지, 호주, 그리고 필리핀 등지를 거쳐 한국에 오게 되었는데, 데이비스(G. T. B. Davis)는 그 일행의 한 사

---

[26] 『북장로교선교회 25주년 보고서』, 20; A. J. Brown, *Report of a Visit in 1909*, 89; J. S. Gale, *Korea in Transition*, 24. 곽안련, 『한국 교회와 네비우스 정책』, 179에서 중인.

람이었다.[27] 이들은 3개월간 체류하면서 백만구령 전도운동을 목격하고, 데이비스는 다음과 같은 감명깊은 기록을 남겨주고 있다. 이 기록은 1909년 말 강원도 이천에서 열린 남감리회 사경회 참석 후에 남긴 것이다.

"가장 극적인 순간은 콜리어(C. T. Collyer) 씨가 참석자들에게 봉급을 받지 않고도 다음 세 달 동안 다만 몇일 만이라도 구원받지 못한 자들을 위해 복음을 전하는데 헌신할 사람이 없겠느냐고 물었을 때입니다. 하나님 사역을 위해 자원해서 날을 바치는 것을 저로서는 처음 보는 일이었습니다. 그리고 이러한 요청에 놀랄 정도로 호응하는 것을 보고 더욱 놀랐습니다. 말이 떨어지자 얼마 안 되어 열 명에서 열 다섯 명도 될까, 남자들이 거의 동시에 일어나더니 '날을 바치겠노라'고 하며 그 날 수를 말하는 것이었습니다. 한 장사꾼은 일어서더니 '저는 항상 그 일을 하고 쉽습니다만 매달 한 주일을 택해 전적으로 헌신하겠습니다.'라고 하였습니다. 배(船)타는 사람은 3개월 동안 60일을 주님께 바치겠노라 하였습니다. 어떤 사람은 주일을 제외하고 매일을 바치겠다고 하면서 주일을 제외한 이유는 그 날은 예배당에 가야 하기 때문이라고 하였습니다. 또 다른 사람은 사흘밖에 바치지는 못하지만 나머지 날들 중에도 그가 어디에 있던 상관하지 않고 전도하겠노라고 하였습니다. 여기저

---

27 G. T. B. Davis, 7-8.

기 다니면서 장사하던 상인도 지금부터 어디를 가든 가는 곳마다 전도하겠지만, 특히 6일을 바치겠다고 하였습니다."[28]

데이비스가 쓴 『그리스도를 위한 한국』(Korea For Christ)에서는 다음의 내용이 첨기 되어 있다. "한 맹인은 말하기를 나는 구십일 전부를 전도하는 일에 바치겠다고 하였습니다. 한 여성 대표는 말하기를 오직 엿새밖에 바치지 못하지만 만나는 모든 사람에게 복음을 전하겠다고 약속했습니다."[29] 날연보가 행해지는 그날 집회에서 300여 참석자들이 2,721일을 연보하였다고 한다.[30] 날연보는 백만인구령운동 기간 중에 전국적으로 일어났고 평양에서는 약 1천여 교인이 일년 중 1만일 이상을 바쳤고, 재령에서도 일만일을 바쳤다. 그래서 이 해에 배포된 마가복음서는 약 70만부에 달했다고 한다. 날연보는 한국교회의 아름다운 신앙형태로 이어져 1910년 1년 동안 전국적으로는 10만일이 바쳐졌다고 한다. 이렇게 시작된 날연보는 한국인들의 헌신의 표였고 유급전도자를 둘 수 없었던 때에 전도운동에 동참케 하는 한국 교회의 아름다운 풍속이었다.

날연보에 대한 첫 언급은 장로교 제8회 총회록(1919) 110쪽과 115쪽, 그리고 제9회 총회록(1920), 43, 44, 45쪽에 나오는데, 예컨대, 경남노회의 상황보고 중 전도에 대해 보고하면서, 이렇게 말하고 있

---

28 G. T. B. Davis, "A Glimpse of a Great Gathering," *Korea Mission Field*, Jan. 1910, 21 이덕주, 『초기 한국기독교사 연구』(한국기독교역사연구소, 1995), 101-2에서 중인.

29 G. T. B. Davis, 11.

30 Davis, 11.

다. "날연보를 드려 한 주일 동안에 하루씩 전도하는 이도 있고, 몇 시간씩 하는 이도 있다."

날연보가 반드시 전도하는 일에만 드려졌던 것은 아니다. 어떤 이는 정한 날 교회에 와서 마당의 풀을 뽑고, 지붕의 용마루를 틀고 이영을 덮는 일을 하기도 했다. 아낙네들은 교회 마루를 닦고 청소하는 일을 위해 날연보를 드리기도 했다. 그래서 어떤 이는 날연보는 농경사회의 품앗이 제도와 맥이 닿는 것이라고 지적하기도 한다.[31] 값없이 주의 사랑을 입었기에 내 몸드려 그 사랑 갚겠다는 정신이었다면 품앗이라 한들 무슨 문제랴! 가난하고 드릴 것 없던 우리의 선조들은 몸으로라도 주를 위해 살겠노라고 날을 바쳤던 그 아름다운 모습이 지금은 역사의 흔적으로만 남아 있다.

31　이덕주, 위의 책, 102.

07
성미제도는 어떻게 시작되었을까?

시간을 바치는 날연보와 함께 오랜 헌신의 표는 성미(誠米)제도였다. 이것이 바로 '쌀연보'였다. 1970년대 이후 도시교회에서는 성미제도가 점차 살아졌지만, 한국 교회의 아름다운 교회 사랑의 표였다. 이 성미제도는 어떻게 시작되어 한국 교회의 오랜 전통이 되었을까?

불행하게도 성미제도가 어떻게, 그리고 언제부터 시작되었는지에 대해 알 수 있는 공식적인 기록은 없다. 그래서 우리는 여러 가지 정황을 고려하여 성미제도의 기원과 정신을 추정할 수밖에 없다. 성미를 어떤 이는 성미(聖米)라고 생각하는 분이 있지만 사실은 성미(誠米), 곧 정성으로 드리는 쌀이었다. 말하자면 금전적으로 드리지는 못해도 곡물이라도 드리자는 정신으로 시작된 헌물제도였다. 그런데 쌀(米)은 금전과 같은 화폐가치를 지니고 있었지만 가장 중요한 주식이었다. 이 성미가 교역자들의 생활을 위한 것이었다는 점은 성미제도의 기원과 동기를 해명하는데 중요한 단서가 된다.

한국 교회 초기에는 교회가 재정적으로 자립할 수 없었다. 신자가 많지 않았다는 점도 있으나 헌금하는 이가 많지 않았기 때문이다. 또 한국 교회가 처음부터 십일조를 강조한 것은 아니었다. 과문한 탓인지 모르나 필자가 파악하기로는 1920년대 이전까지는 한국 교회가 십일조를 크게 강조하지 않았다. 특히 서울 이남 지방에서는 더욱 그러했다. 교인 수도 많지 않았지만 가난한 교인들의 생활여건 때문에 교회의 자립은 요원했다. 다음의 자료를 보면 당시 교회의 재정형편을 헤아릴 수 있다. 선교사였던 곽안련(C. A. Clark)에 의하면 1907년 당시 기독교 신자 총수는 7만 2천 968명이었고, 수세자 총수는 1만 8천 81명이었다. 그런데 이 해의 헌금 총액은 4만 7천 331달러였다. 그러므로 신자 한 사람의 평균 헌금액은 연(年) 65센트에 지나지 않았다.[32] 이것은 1901년에 비해 개인별로 대단히 증가된 액수였다. 그때와 지금의 화폐가치의 변화를 고려한다고 할지라도 개 교회가 자립하기에는 요원한 것이었음을 알 수 있다. 그럼에도 불구하고 한국에서 일한 외국선교부는 한국 교회의 자립을 강조하였다.

이 정책을 보통 네비우스 정책이라고 부른다. 한국에 온 초기 선교사들은 거의 전부가 본국에서 목회 경험이 거의 없는 20대 청년들이었다. 목사안수를 받고 내한했으나 선교에 대한 경험이 크게 부족하였다. 그래서 이들은 중국에서 오랫동안 선교사로 일한 바 있는 미국 북장로교 소속 네비우스(John Nevius)를 강사로 초빙하여 한국선교에 대한 조언을 듣게 되었는데, 이때 제안된 정책이 바로 네비우스정책이다. 물론 네비우스 정책은 네비우스 개인적인 사상이 아니라 '영국교회선교회'(Church Missionary Society)의 총무였던 헨리 벤(Henry Venn)이 제안한 정책이었다. 이 정책에서 중요한 한 가지가

---

32 C. A. Clark, *The Nevius Plan for Mission Work*, 158.

자립이었는데, 곽안련은 이를 다음과 같이 요약했다.

"자립: 신자들이 스스로 마련한 예배당을 소유한다. 각 그룹은 창립되자 마자 순회조사의 봉급을 지불하기 시작한다. 개 교회의 교역자에게 외국의 자금으로 사례를 지불하지 않는다. 즉, 선교지의 교회 건물은 토착민의 자금으로 지어야 하며 교역자의 사례도 토착교회에 의해 지급되어야 한다."[33]

외국선교부가 교회당 건물을 세워주거나 교역자의 사례를 부담해서는 안 된다는 정신이었다. 물론 이 정책이 일관되게 시행된 것은 아니었다. 이런 정책을 따르기로 결정하고도 이 정책을 고수하지 않는 일에 대하여 불만을 표시한 기록도 남아 있다. 그러나 이 자립정책은 강조되어 왔다.

개교회는 자립해야 했으나 자립할 능력은 없었다. 무엇보다도 교역자의 생계도 책임질 수 없는 형편이었다. 이런 상황에서 어떻게 네비우스 정책이 가능한가? 그것은 오직 교역자들의 희생 위에서 가능했다. 교역자들에게 일정의 생활비를 드리는 일은 쉽지 않았다. 그래서 1910년대를 거쳐 가면서 자연스럽게 성미제도가 시작된 것으로 보인다. 성도들은 성미를 통해 교역자들의 생계를 뒷받침하기 시작한 것이다. 말하자면 성미는 교역자들의 생활을 위한 일종의 헌물사례였다. 우리도 밥먹을 때 교역자도 먹어야 되지 않겠는가?

---

33 C. A. Clark, *Ibid.*, 42.

그래서 음식을 지을 때마다 한 숟갈, 두 숟갈 정성스럽게 모아 두었던 쌀을 주일이면 교회로 가져왔고 교회에서 모여진 성미는 월 2회 혹은 월 1회 일정량을 교역자들에게 드렸다. 결국 성미는 곤곤한 세월을 살아가면서도 교역자와 교회를 섬겼던 우리 선조들의 아름다운 헌물이었다.

필자가 조사한 바로는 성미제도의 기원을 설명해 주는 두 가지 다른 기록이 있다. 첫째는 1910년대 초 평양지방에서 시작된 곡물 헌납 제도이다. 이덕주 교수에 의하면, 1912년에 평양 남산현교회 여성들이 '부인전도회'를 조직하고 전도부인 1명을 파송하는 비용을 마련하기 위해 회원들이 '절용절식'(節用節食)함으로써 일년동안 매삭 10전씩 모았다고 한다.[34] 이때는 '성미'라는 용어가 사용되지 않았다. 아마도 곡물은 화폐가치를 지니고 있었으므로 현금 대신 곡물을 바쳐 전도부인을 후원했던 사례로 보인다.

이와 다른 또 한 가지 기록이 있다. 이 기록에 의하면 성미제도는 1920년대 초 경상남도 진주교회에서 장정현(張貞賢)이라는 여성도에 의해 시작된 것으로 알려져 있다.[35] 1893년 10월 4일 서울에서 정삼품 벼슬을 한 사대부 가문의 딸로 출생한 장정현은 18세가 되던 1910년 천도교 출신인 판사 유기영과 결혼했다. 당시로는 조혼의 습관이 일반화되어 있었고 12살 혹은 13살이 결혼 적령기로 인식되었으므로 만혼이었다.

---

34 이덕주, 『초기 한국기독교사 연구』(한국기독교역사연구소, 1995), 103.
35 이 내용은 한국기독교100주년 기념사업협의회 편, 『한국기독교여성 백년사』(한국기독교출판사, 1985), 325ff에 근거함.

그러나 장정현은 양반가문의 규수로 인품이 뛰어나다는 세인의 칭찬을 받고 있었으므로 일본 유학도 판사를 신랑으로 맞이하게 되었다. 남편은 의암 최병희 교주가 교령으로 있을 때 각 도(道)에서 한 사람씩 유학생을 뽑아 일본에 유학토록 했는데, 그는 1차 유학생 선발 때 일곱 사람 중의 한 사람으로 뽑혀 일본 경도 입명관(立命館)대학 법학부 제 2기생이었다. 종교적으로는 철저한 천도교도였다. 그는 한국인 판사가 흔치 않던 때에 진해, 밀양, 대구 등지에서 판사로 일했고 후일 진주에 정착하여 변호사로 일했다.

장정현 여사가 예수를 믿게 된 것은 1918년 경으로 알려져 있다. 결혼 후 4년만에 첫딸을 얻었고, 2년 후에는 둘째 딸을, 다시 3년 후인 1918년에는 셋째 딸을 얻었는데, 아들을 낳지 못하는 일로 상심하여 아이를 제대로 돌보지 못했다. 그 결과 셋째 아이가 몹시 아파 진주에 있던 호주 선교부의 배돈병원으로 데리고 갔다. 하나님의 은혜로 이 병원에서 치료 받고 예수를 믿게 되었다.

천도교도인 남편은 기독교 신앙을 크게 반대했으나 그도 아내 몰래 성경을 읽던 중 심경의 변화를 일으켜 3년 후 예수를 믿게 되었다. 곧 진주교회의 여전도회 간부가 된 장정현 여사는 교회를 방문하는 타지 교역자들에게 식사를 대접해야 했으나 당시는 다 가난했으므로 이것마저도 용이하지 않았다. 남편이 천도교도였으므로 천도교가 이미 시행하고 있던 성미제도를 교회에서 시행하는 것이 좋겠다고 여긴 장정현 여사는 당시 담임목사였던 김이제(金二濟) 목사와 상의하여 교회 입구 쪽에 성미주머니를 달아 놓고 주일마다 여성도들로 하여금 성미를 하게 했다. 이렇게 모여진 쌀로 외부 손님을 접대하고 교역자의 양식으로 드리기로 했다.

　이때가 1920년 혹은 1921년경으로 보인다. 천도교에는 5관이라고 하는 실천규정이 있었는데, 그것은 주문(呪文), 청수(淸水), 시일(侍日), 기도(祈禱), 그리고 성미(誠米)였다. 즉, 성미제도는 진주교회에서 1920년대 초 장정현 여사에 의해 천도교의 본을 따라 시작되었다는 것이다. 진주교회의 성미제도는 곧 다른 교회로 알려졌고 부흥사들의 입을 통해 다른 지역으로 퍼져 갔다. 1928년 말 김이제 목사는 진주교회를 사임하였고, 1929년 4월 이약신(李約信) 목사가 제3대 담임목사로 부임하였다. 그는 장로교 총회에 진주교회가 시행하는 성미제도를 전국교회가 시행하도록 건의문을 냈다. 이 일로 성미제도는 전국교회에 알려지게 되었고, 결국 1930년대 이후 전국으로 확산된 것으로 보인다.

　곡식을 드리는 행위는 농업중심의 한국사회에서 생성된 신앙양태였고, 교회 구성원의 다수를 차지하고 있는 여성들이 할 수 있는 아름다운 헌신의 표였다. 물론 쌀을 드리는 행위는 여성들만의 신앙형태였다고는 볼 수는 없다. 한국 교회 초기에는 추수기에 곡물을 십일조로 혹은 감사헌금으로 드린 일이 있기 때문이다. 그래도 밥을 지을 때마다 교역자를 생각하고 한 숟가락, 두 숟가락 모으는 성미는 교회를 사랑하는 여성도의 섬세한 사랑의 흔적이 아닐 수 없다.

　물론 이 성미제도가 한국 교회의 고유한 제도였다고 보기는 어렵다는 주장도 있다. 혹자는 이미 천주교의 '좁쌀제도'가 성미제도의 기원이라고 보기도 한다. 앞에서 말했지만 천도교에도 성미가 있었다. 이런 유사성은 불교에도 있었다. 쌀은 중요한 시주의 형태였다. 이런 것들이 후일의 한국기독교의 헌물제도로써 성미제도에 영향을 주었을 가능성도 있다. 쌀은 우리 민족의 오랜 주식이었으므로 쌀이 신앙행위와 깊이 관련될 수밖에 없었을 것이다.

어떻든 1920년대 이후 시행되었던 성미는 교회를 향한 여성도들의 사랑이자 교역자의 생활과 가난한 이웃을 향한 사랑이었다. 오늘, 가난하고 가진 것 없는 실직자들, 그리고 끼니조차 잇지 못하는 어려운 이웃을 위해 다시 성미함을 설치하는 일은 어려운 일일까?

08
한국 교회 직분의 기원
- 영수, 장로, 조사, 목사는 어떻게 생겨났을까?

하나님께서는 말씀과 성령을 통해 교회를 다스리지만, 사람들을 직분자로 세워 이들을 통해 다스리신다. 사실 교회의 유일한 직분자는 오직 그리스도 뿐이시다. 히브리서 기자는 예수님을 '사도'라 칭했는데(히 3:1), 이것은 그가 직분자로 보냄을 받았다는 뜻이다. 오늘 우리가 말하는 목사나 장로 혹은 집사 등 직분자들은 교회에서의 유일한 직분자이신 그리스도를 섬기는 봉사자일 뿐이다. 직분자들은 그리스도를 섬기는 자라는 점에 그 의의가 있다. 따라서 모든 직분자들은 그리스도의 종이다. 이런 점에서 바울은 로마서 서두에서 자신을 "예수 그리스도의 종"(롬 1:1)이라고 자칭하고 있다.

1세기 교회의 모습을 보여주는 사도행전을 보면 사도직에 이어 장로, 집사의 직분이 교회의 필요에 따라 자연스럽게 세워지는 것을 볼 수 있다. 공궤하는 일을 위해 성령과 지혜가 충만한 7인을 세웠는데, 이들이 점차 집사로 불리기 시작했다(행 21:8). 또 사도들이 모든 지역 교회를 치리할 수 없었을 때 자연스럽게 장로가 선출되어 교회를 치리하게 하였다.

다음 시기 예수님에 대한 목격자들이 사라지고 교회에 거짓 가르침이 나타나기 시작했을 때 자연스럽게 장로직의 분화가 나타나 치리하는 장로와 가르치는 장로, 곧 지금의 장로직과 목사직이 생겨났다. 신약에는 감독이라는 직분도 있는데 신약성경에서 오직 5번 언급되고 있다. 이 감독이라는 직분은 장로와 동일한 직분으로 보고 있다. 어떻든 사도시대 교회에는 집사, 장로(감독)와 같은 직분이 있었음을 알 수 있다.

그렇다면 한국 교회에서는 어떻게 교회 직분이 생겨나게 되었을까? 선교사들이 입국한 이후 여러 지역에 교회가 설립되기 시작하였다. 1883년에 황해도 장연군 대구면 송천리에 송천(松川)교회, 곧 소래교회가 설립된 이래 1886년과 87년에 각각 1개처에, 1888년에는 2개 교회가, 1889년에 1개 교회, 1890년에는 3개의 장로교회가 설립되는 등 여러 지역에 교회가 설립되었다. 그러다가 1895년에는 13개 교회가, 1896년에는 26개 교회가 설립되어 그해까지 전국에 70개 장로교회가 설립되었다.[36]

1886년 당시 세례를 받은 이들은 전국적으로 단 9명에 불과했다. 그러나 다음 해에는 25명으로 불어났고, 1888년에는 65명, 1889년에는 100명에 달했다.[37] 시작은 미약했으나 1896년 총 수세자는 500명에 달했다. 이처럼 각 지역에 교회가 설립되고 수세자들이 늘어나게 되자 믿는 자 가운데 '잘 익은 열매'를 택해 교회를 위해 수종들도록 했다. 한국에서 장로교 노회가 처음 조직된 때는 1907년이었는데, 그 이전에는 선교부 간의 협의체였던 '장로교공의회'가 사실상 치리

---

36 곽안련, 377.
37 곽안련, 『한국 교회와 네비우스 선교정책』, 96.

회와 같은 성격을 지니고 있었다. 장로교공의회는 1896년에는 26개 교회, 1897년에는 73개 교회, 1898년에는 205개 교회, 그리고 1901년에는 326개 교회를 관리해야 하는 형편이다. 이러한 상황에서 지교회를 위해 봉사할 헌신적인 지도자가 필요했다. 그 필요성 때문에 생겨난 것이 영수(領袖)라는 직분이었다.

영수

영수(領袖)란 일종의 '안수받지 않는 장로'(unordained elder)였다. 그러면서도 치리하는 장로의 역할을 감당했던 한정적인 직분이었다. 이들은 개체 지역교회에서 먼저 믿은 자 중에 선임되어 말씀의 사역자가 없는 미조직교회에서 예배인도와 교회관리를 담당했다. 이들 영수는 초기에는 선교사들에 의해 임명되었는데, 그 임기는 1년이었고, 연임될 수 있었다.

영수직은 마치 스코틀랜드에서 낙스의 개혁이 이루어진 후 훈련받은 목회자들이 배출되기 전에 한정적으로 독경사(讀經師)를 두어 교회에서의 말씀봉사와 치리를 하게 했던 제도와 비교될 수 있을 것이다. 한국 교회에서 첫 영수는 누구였을까? 이 점을 분명히 알 수는 없으나, 평안남도 대동군(大同郡) 부산면(釜山面) 남궁리(南宮里)교회의 이세수(李世壽), 대동군 고평면(古平面) 남리(南里)교회의 김세석(金世錫) 등이 초기의 영수들이다.[38] 그 후 한국 교회에 영수가 세워져 지금의 장로와 전도사의 역할을 감당했다. 장로가 장립되고, 목사가 배출

---

38 『조선 예수교장로회 사기』 상, 65, 66.

된 이후에도 영수직은 사라지는 않았고, 영수로 활동하던 이들이 장로로 장립되는 일이 빈번했다. 적어도 1960년대 초까지는 농어촌 지역에는 영수들이 교회를 위해 봉사하였다.

장로

한국 교회에서 처음으로 장로를 세운 것은 1887년으로 알려져 있다. 서울의 새문안교회는 1887년 9월 27일 화요일 공식적으로 설립되었는데, 로스는 다음과 같은 기록을 남겨주고 있다.

"나를 안내한 언더우드 씨는 그날 저녁에 작은 무리로 장로교회를 조직하기 위해 자신의 작은 예배당에 가야 한다고 말했다. 나는 그의 친절한 초청을 기꺼이 받아들여 그와 그의 학교 학생과 동행했다 …. 이미 어둠이 도시 전체를 뒤엎고 있었다. 넓은 길을 가로질러 갔는데, 동양의 대부분의 도시처럼 불이 없어 어두웠다. 조그만 등을 든 한국인의 안내를 받아 좁은 골목길을 따라 가다가 마침내 작은 안 뜰로 들어섰다. 우리가 대문을 두르리자 그 문이 열렸다. 종이를 바른 방문을 조심스럽게 두드리자 문이 열리고 그 안에 들어가 보니 옷을 정제하고 학식있어 보이는 14명이 거기에 있었다. 이들 중 한 사람이 그날 밤에 세례를 받았는데, 그 날의 제일 중요한 일은 두 사람을 장로로 선출하는 일이었다. 이의 없이 두 사람이 선출되었고, 그 다음 주일에 안수를 받았다. 알고 보니 이 두 사람은 봉천에서 온 사람의 사촌들이었다. 그들은 이미 6년 전부터 신앙인이 되었고, 그런 관계로 이 첫 모임에 참석했던 것이 틀림없다."[39]

이 기록에 근거해 볼 때 1887년 두 사람이 장로로 선출되었고, 다음 주일인 10월 2일 장로로 안수 받았음을 알 수 있다. 이것은 새문안교회가 한국 최초의 조직교회가 되었음을 보여주기도 하지만, 첫 장로가 세워졌음을 보여주고 있다. 그러나 그들이 누구인지는 분명하게 말하지 않고 있다. 분명한 사실은 이들은 서울 사람이 아니라는 점이다. 교회가 조직되면서 바로 장로를 선출한 것 또한 오늘의 시각으로 볼 때 이해할 수 없는 일이다. 아마도 교회의 치리자로서 장로 본래의 역할보다는 교인들을 대표하는 '원로'의 의미가 더 크지 않았는가 생각된다.[40]

그런데 불행하게도 이 두 장로는 장립된 지 얼마 안 되어 중징계를 받고 장로직을 떠나게 된다. 한 사람은 출교 당하기까지 했다. 곽안련은 그의 『선교사역에 있어서 네비우스정책』에서 1889년에 이 일이 있었다고 쓰고 있는데,[41] 그렇다면 늦어도 1889년 말 이전에 이들의 장로직이 박탈되었음을 보여준다. 이런 불행한 사례 때문에 새문안교회는 장로를 세우는 일에 주의한 것으로 보인다. 새문안교회가 다시 장로를 세운 것은 이로부터 약 15년이 지난 1904년이었다.[42]

---

39 J. Ross, "Christian Dawn in Korea," The Missionary Review, April, 1890, 247. 『새문안교회 100년사』, 9에서 중인.

40 『새문안교회 100년사』, 95.

41 C. A. Clark, The Nevius Plan for Mission Work (Seoul: CLS, 1937), 130.

42 그때 새문안교회 소속의 영신학교 교사이자 조사 출신이었던 송순명(宋淳明)이 10월 2일 장로로 장립했다.

이렇게 볼 때 엄밀한 의미에서 한국 교회의 첫 장로는 1900년에 장립된 서경조(徐景祚)였다. 조선예수교장로회 사기(상)에는 다음과 같은 기록이 있다. "長淵郡 松川敎會에셔 徐景祚를 長老로 將立하야 堂會를 組織하니 是及 我國敎會의 最先長老러라."⁴³ 이 기록을 보면 장연군 송천리에 위치한 소래교회 서경조는 한국 최초의 장로였음을 알 수 있다. 그는 한국의 첫 매서전

한국의 첫 조사들, 좌에서부터 백홍준, 서상륜, 최명오.

도자였던 서상륜(徐相崙)의 동생으로서 후일 한국 최초의 7목사 중의 한 사람이 된다. 같은 해인 1900년에 평양 판동(板洞)교회에서 김종섭(金鍾燮, 1862-1940) 역시 장로로 장립되었다.⁴⁴ 1907년 한국장로교의 첫 노회를 조직하던 당시 한국인 장로수는 47명에 달했고, 1912년 총회를 조직할 당시는 225명으로 집계되어 있다.

조사

한국 교회 초기에는 조사(助事)라는 직이 있었다. 흔히 목사의 조력자로서 전도사를 조사라 칭하기도 했지만, 사실 조사는 선교사들에

---

43 『조선예수교 장로회 사기, 상』, 64.
44 위의 책, 65.

의해 조사(Chosa) 혹은 헬퍼(helper)로 불리던 이들이다. 선교사 개인의 조수이기도 했다. 이들은 한글을 가르치기도 했고 선교지를 순회할 때 길을 안내하고, 행정적 도움을 주기도 했다. 그러나 목사가 배출되기 이전에 이들은 선교사들의 관할 지역에서 선교사를 대신하여 설교와 교회를 위한 봉사를 담당했다. 말하자면 오늘의 전도사와 같은 사역을 감당했다. 이들은 안수를 받지 않았으므로 성례집행을 못했을 뿐 그 외에는 목사와 같은 사역을 담당했다. 이들은 선교사의 자문을 받아 지역교회를 돌보고 선교사와 동행하면서 교회를 관리했다. 한국에서 첫 조사가 있었다고 보고된 때는 1888년인데, 이들이 백홍준, 서상륜, 최명오였다. 이들이 한국 최초의 조사들이었다. 이때는 한국인 직분자로는 오직 2사람의 장로가 있었을 뿐이다. 그 이후 조사로 활동했던 대표적인 인물이 한석진이었는데, 그는 마포삼열(S. A. Moffett)과 1892년부터 동역했다. 1918년에 가서야 비로소 여자 조사가 있었다는 보고가 있는데, 이해에 전국에 57명의 여자 조사가 있었다고 한다.[45] 그 이전에는 여성은 조사로 불리지 않고 '전도부인'으로 불렸는데, 첫 전도부인은 백홍준의 아내 한씨 부인이었다. 백홍준이 1894년 순교하게 되어 생활이 막막해지자 선교사들은 한씨 부인을 전도부인으로 임명하고 매월 생활비를 후원했다.

목사

감리교의 경우, 김기범(金箕範, 1863-1920), 김창식(金昌植, 1857-

---

45 C. A. Clark, 316.

한국장로교 첫 목사 7인. 뒷줄 좌에서부터 방기창, 서경조, 양전백, 앞줄 좌에서부터 한석진, 이기풍, 길선주, 송린서 목사.

1929), 이 두 사람이 1901년 5월 14일 상동감리교회에서 목사 안수를 받았다. 이들이 한국인 첫 목사였다. 장로교의 경우 첫 목사가 배출된 때는 1907년 9월 17일이었다. 1907년 1월에는 한국 교회 대부흥이 일어났고, 9월 17일에는 장로교회가 공식적으로 조직되었다. 즉, 한국최초의 장로교 치리회인 노회가 조직되었다. 그 동안 주한 북장로교회선교부와 호주 빅토리아장로교선교부 간의 협의기구로써 '연합공의회'가 있었으나 호주 선교사 데이비스가 사망함으로 곧 해산되었다. 1892년 남 장로교가 한국에 선교사를 파송한 이후 미국 북장로교회와 호주 장로교와 함께 선교협의체인 '선교사공의회'를 조직하였는데, 이 조직이 후일 '장로교공의회'로 발전하였다. 이 장로교공의회는 주한 장로교 선교부 간의 합의에 따라 1906년 노회를 조직키로 합의하여,

1907년 드디어 노회를 조직하게 된 것이다. 노회 조직과 함께 그해 평양신학교를 졸업한 일곱 목사 후보생들에게 목사안수를 했는데, 이들이 한국장로교 첫 목사였다. 양전백(39세), 길선주(40세), 이기풍(40세), 송인서(40세), 한석진(41세), 서경조(58세), 방기창(58세) 등이다.

당시 한국에는 785개의 장로교회가 있었고 신자가 75,968명, 세례교인은 18,061명으로 보고되어 있다. 목사 선교사는 49명, 한국인 장로는 47명이었다. 노회의 조직과 함께 또 한 가지 뜻 깊은 일은 이기풍(李基豊) 목사를 제주도 선교사로 파송한 일이다. 당시 교세로 볼 때 목사는 절대적으로 부족했으나 첫 일곱 중 한 사람을 선교사로 파송한 일은 장한 일이 아닐 수 없다. 1909년에는 최관흘 목사를 시베리아로, 한석진 목사를 일본 동경으로 각각 파송하였다. 또 1910년에는 김영제, 김진근 두 목사를 만주 간도 지방 선교사로 파송했다. 이같은 일은 한국장로교 선교의 아름다운 선례(先例)가 된다.

선교사가 내한한지 무려 20여 년이 지나 첫 7명의 목사가 배출되었는데, 그로부터 백여 년이 지난 지금은 약 5만 5천명의 목사가 활동하고 있다. 이제는 목사 과잉배출이라는 지적이 있을 정도이니 격세지감이 아닐 수 없다.

09
한국 교회 초기 예배당 양식

교회사에서 볼 때 최초의 교회당 건물이 발견된 때는 A.D. 256년이었다. 예루살렘교회가 설립된 때를 주후 30년으로 본다면 교회가 설립되고 나서 무려 230여 년이 지나도록 독립된 교회당 건물이 있었다는 증거가 없다. 그러면 초기 신자들은 어디서 모이고 어떻게 공적인 집회를 가졌을까? 대표적인 경우가 가정집이었다. 이것이 가정교회(domus ecclesiae)였다. 바울이 빌레몬에게 보낸 편지 서두를 보면 "네 집에 있는 교회에게 편지하노니"라고 했는데, 이것을 보면 가정교회가 중심을 이루었음을 알 수 있다. 물론 기독교가 계속적으로, 전 로마제국에서 동시에 박해를 받았던 것은 아니지만 적어도 콘스탄틴에 의해 기독교가 313년 공인(公認)을 얻기까지는 기독교는 불법의 종교였다. 따라서 정당한 재산의 취득이 불가능했다. 이런 여러 정황을 고려해 본다면 초기 기독교 신자들의 공적인 회집 장소로 예배당 건물을 갖는다는 것은 현실적으로 불가능했다. 따라서 신자의 가정집이 바로 회집 장소였다.

256년 유프라데스 강 상류지역에 위치한 두라-유로포스(Dura-Europos)에서 발견된 첫 교회당 건물도 주택을 개조한 것으로서 50

명 이상 회집하기 어려운 5×13m에 지나지 않는 크기였다. 그런데도 회중석보다 약간 높은 강단이 있었고, 강단에는 설교자가 앉을 의자가 있었다. 그 옆에는 욕조가 달린 작은 세례실이 붙어 있었다. 학자들은 이 건물이 230년 경에 개조된 것으로 보고 있다. 기독교가 공인을 받고 합법적인 종교로 간주된 이후에는 직사각형의 바실리카(Basilica)라고 불리는 교회당이 건축되었다. 기독교의 공인(A.D. 313) 이후에는 이교(異敎)의 건축양식이 도입되고 지나치게 웅장하고 찬란한 예배당이 나타나기 시작하였다. 마치 교회의 변질을 반영하듯 교회당 건축양식도 변해갔다. 예배당이 단순한 집회소가 아니라 권력자들에 의해 사치스럽고 찬란하게 건축되기도 했다.

이로부터 오랜 세월이 지난 일이지만 영국의 청교도들이 신앙의 자유를 찾아 북미대륙으로 갔을 때, 그들은 단순한 양식의 교회당을 건축했다. 그들이 정착했던 곳은 미국에서도 가장 추운 매사추세츠 주였음에도 불구하고 비와 바람을 막아 줄 정도였다. 영국에서 경험한 사치스런 예배당, 호화스런 건축에 대한 거부감 때문이었다. 그래서 이들은 직사각형의 단순한 예배당을 세웠다.

그렇다면 한국 교회의 초기 교회당 양식은 어떠했을까? 한국의 경우는 외국의 교회와는 다른 일면이 있으므로 흥미 있는 질문이 아닐 수 없다. 우리나라에서도 처음에는 먼저 믿는 이들의 가정집이 바로 집회 장소였다. 선교관 혹은 선교사들의 집이 바로 교회당이기도 했다. 예컨대, 서울의 첫 장로교회인 새문안교회는 1887년 9월 27일 선교사 언더우드의 사랑방에서 시작되었다. 그의 집이 첫 집회소였다. 그의 집은 지금의 정동 13번지에 있었는데 그 집 안채는 언더우드 가

ㄱ 형으로 건축된 평양 장대현교회

족이 기거했고 사랑채의 두 칸을 터서 약 30여 명이 앉을 수 있는 공간을 만들었는데 이곳이 바로 예배처였다. 그러다가 회집하는 이들이 많아지면서 살림집을 확장해서 예배당으로 사용했다. 교인수가 많아지면 새로운 공간을 확보하던가 그렇지 않으면 교회당을 건축했다. 어떤 이는 자신의 전답(田畓)을 교회당을 건축하도록 헌납한 일도 있었고, 어떤 경우에는 자신의 집을 아예 교회당으로 바치는 경우도 있었다. 한국의 초기 교회는 이런 비슷한 과정을 밟아 갔다. 그런데, 흥미로운 일은 남녀의 동석 예배가 관습상 허용될 수 없다고 보아 남녀가 각기 다른 공간에서 예배를 드리거나 서로 볼 수 없도록 조치했다는 점이다.

가정집에서 모일 때는 각기 다른 방에 모이면 되지만 교회당을 건축할 때는 특별한 연구가 필요했다. 예배에서 남녀 간의 격리는 그 시대의 가치였다. 이런 문제가 초기 한국 교회의 심각한 문제였다면 오늘의 젊은 세대는 이해하지 못할 것이다. 외국인 선교사들은 직사각형의 집을 지어 남녀가 같이 예배를 보도록 하자고 주장했다. 또한 이것이 건축비를 절감하는 일이라고 했다. 처음에는 다소 어색해도 곧 자연스럽게 된다며, 관습은 일상적 습관일 뿐이라고 주장했다. 그러나 한국인 신자들은 그렇게 했다가는 무슨 일을 당할지도 모르는 무모한 시도라고 보았다. 유가(儒家)의 풍습은 예상보다 엄했다. 토론과 숙고 끝에 얻은 묘안이 바로 ㄱ자형의 교회당이었다. 한쪽 편은 남자석, 다른 한 편은 여자석으로 하였고 강대석은 모서리에 설치하였다. 물론 출입구가 달랐다. 그래서 남녀 신자들은 서로를 볼 수 없었지만 설교자는 양측을 볼 수 있었다.

이런 예배당을 가졌던 대표적인 교회가 평양의 장대현교회였다. 많은 교회가 이런 양식을 따랐다. 그러나 이런 ㄱ자형의 교회당이 이상적이지 못했다. 비록 남녀 신자들을 완벽하게 분리할 수는 있었지만, 건축에는 난점이 많았다. 우선 건축비가 더 들고 부지의 확보도 싶지 않았다. 이런 저런 불편 때문에 ㄱ자형의 예배당은 오래 지속되지 못했다. 현재까지 남아 있는 ㄱ자형 예배당은 전라북도 익산시 성당면 두동리에 있는 두동교회와 전라북도 김제군 금산면 금산리의 금산교회이다. 1908년 설립된 금산교회당은 지방문화제 236호로 지정되어 있다. ㄱ자형 예배당은 아니지만 경북 영천의 자천교회는 일자형의 직사각형 예배당 중간을 막아 남녀좌석을 구분했다.

그후에는 직사각형의 예배당을 짓되 교회당 내부에 남녀석을 가르는 벽을 쌓던가, 휘장을 치는 것이었다. 벽을 쌓는 것은 완벽한 분리이지만 도리어 불편할 수도 있기에 후에는 휘장을 설치했다. 결국 ㄱ자형의 예배당 대신 직사각형의 교회당이 한국 교회의 대표적인 예배당 건축 양식으로 굳어졌다.

당시의 좋은 예배당은 한일자 형의 긴 기와집 예배당이었다. 그 안에 남녀 간 서로 볼 수 없도록 강대상 앞까지 휘장을 설치하여 남여석을 구분했다. 물론 남녀 신자들의 출입구가 달랐고 별도의 신발장이 있었다. 1895년에 건축했던 새문안교회도 이런 양식의 예배당이었다. 휘장은 남녀 간에는 서로 볼 수 없게 했으나 강대상을 바라보는 데는 아무런 장애가 없었다. 이런 휘장은 적어도 30년 이상 계속되었다. 곽안련(C. A. Clark)에 의하면 휘장은 1915년까지는 언제나 있었다.[46] 고 했고, 1925년까지도 완전히 걷히지 않았다.[47] 지역에 따라 다소 차이가 있지만 1930년대 후기에 와서 비로소 완전히 철폐되었다.[48]

경상남도 지방에서 남녀 간을 구분하던 휘장을 최초로 제거한 인물이 김길창(金吉昌) 조사였다. 그가 함안군 대산면 하기리의 하기교회 시무할 당시인 1918년 흰 천으로 된 휘장을 제거하였고, 이 일이 문제가 되어 조사직에서 파직 당했다. 이를 '파조사 사건'이라고 부른다.[49] 하기교회에서 물러난 그는 마산 문창교회로 전임하였다. 이렇게

---

46 곽안련, 『한국 교회와 네비우스선교정책』(대한기독교서회, 1994), 200.

47 김광수 외, 『장로교신학대학 70년사』(장로회신학대학, 1971), 20.

48 곽안련, 201.

49 김길창, 『말씀따라 한평생』(아성출판사, 1971) 57-58. 김길창은 하기교회를 '기동교회'라고 쓰고 있으나 기동은 지역 이름이었고 공식적으로는 하기교회였다. 김길창의 휘장 제거건은 1918년 12월 18일 마산문창교회에서 회집한 경남노회 제6회 정기노회에서 논의된 것으로 보이나 회록에는 기록이 없다. 이 일로 김길창은 함안군 서남편 5개처 교회를 사임하고 마산 문창교회로 전임하였다. 1919년 7월 1일 부산 영주동 규범학교에서 개최된 제7회 경남노회에서 김길창의 문창교회로의 전임이 보고되었다. 최병윤 편집, 『경남노회 회록1』(부산경남기독교역사연구회, 2014), 46.

본다면 한국 교회에서 남녀석을 구분하는 휘장은 40여 년 간 성도 간의 진정한 교제를 방해했던 것이다.

한국에서 부녀자로서 첫 부인 수세자는 전삼덕(全三德)이었는데, 그는 감리교 선교사 스크랜톤(W. B. Scranton)에게 세례를 받았다. 선교사라 할지라도 남편을 둔 부인을 똑바로 바라볼 수는 없었다. 궁리하던 끝에 휘장으로 두 사람 사이를 막고, 휘장에 구멍을 낸 다음 선교사는 그 구멍으로 손을 넣어 전덕삼 부인의 머리에 물을 뿌리며 "성부와 성자와 성령의 이름으로" 세례를 베풀었다.[50] 한국에서만 볼 수 있는 진풍경이었다. 이런 정도였으니 남녀 간의 좌석 구분은 특별한 일이 아니었다.

비록 휘장은 제거되었으나 남녀석의 구분은 그 이후에도 계속되었다. 남반(南班), 여반(女班)이란 이름으로 좌석이 완전히 구분되었다. 예배당 입구에는 신발장이 별도로 설치되어 있었고, 남녀는 각기 구별된 문을 사용해야 했다. 지역에 따라 다소 차이가 없지 않지만 1960년대 중반까지도 남녀 간의 좌석 분리는 자연스런 일이었다. 필자가 경상도 산골에서 초등학교에 다닐 때만 해도 남녀석은 엄격하게 구별되어 있었다. 1960년대 중반부터 예배당에서의 좌석 구분은 철폐되었으나 농촌지역의 교회에는 그 이후에도 사려 깊은 덕목으로 남아 있었다.

---

50 S. Moffett, *The Christians of Korea* (NY: Friendship Press, 1962), 41.

10
교회 종(鍾)

    교회 종소리는 마음의 고향처럼 우리들의 마음 깊숙한 곳에 남아 있다. 지금도 그 거므스름한 교회 종을 보면 뭔가 말하기 어려운 향수가 있고 불현 듯 우리를 어린 시절 고향 마을로 돌아가게 하는 마력이 있다. 십자가와 함께 종(鍾)도 기독교의 상징이자 교회의 자기표현이었다. 예배당이 있는 곳에는 으레 종탑(鐘塔)이 있기 마련이고, 그 종탑 꼭대기에 매달린 종은 신앙과 자유의 상징이었다.

    종소리는 박애와 구원의 소리였다. 조선일보의 이규태 논설위원은 "종소리를 모르는 세대는 불행한 세대였다."고 했다. 종은 신앙과 자유의 상징인데, 그 종소리를 듣지 못했다면 신앙과 자유를 누리지 못한다는 의미였다. 동로마 멸망의 세대가 그러했고, 나치스와 하게켄크로이즈의 압제 하에 있던 유럽의 젊은 세대가 그러했다. 일제가 교회 종을 몰수해 갔던 시기 한국의 젊은이들이 그러했다. 교회 종소리는 신자들에게는 물론이지만 불신자들에게 조차 아늑한 추억으로 남아 있다.

    구라파를 여행해 보면 고풍어린 교회당에는 하늘을 찌를 듯한 종탑이 있고 그 종탑에는 한 시대의 찬연한 역사를 지켜주었던 종이 있다. 독일 쾰른시에 있는 쾰른성당은 그 규모나 역사, 6백여 년의 긴 축조 기간, 그 어느 것으로도 유명하지만 특히 교회 종은 더욱 유명하다. 중세 때부터 3개의 종이 있었는데, 세계1차대전 중에 쇠를 녹여 만든 현재의 종은 그 무게가 무려 24톤으로 세계에서 가장 큰 종으로 알려져 있다. 그러나 서양에서도 이런 종은 역사의 유물로 남아 있고 그 소리는 점차 사라지고 있다. 우리나라에서도 교회 종 소리는 점점 우리 곁을 떠나고 말았다. 마을 어귀에 서 있던 예배당, 그 옆의 종탑에 매달린 종, 그리고 길게 늘어진 줄을 당기면 종소리는 동구 밖 들녘까지 미친다. 그 소리는 촌락의 일상을 여는 마을의 시계였다.

그런데 언제부터 교회에서 종이 사용되었는지는 분명치 않다. 역사적으로 말해서 교회당 건물이 처음 발견된 때가 A.D. 256년이었다. 교회의 자기 표현으로써 종은 적어도 3세기 말에서 4세기 초엽부터 등장한 것으로 보인다. 256년에 발견된 예배당은 유프라데스 강 상류 지역에 위치한 두라-유로포스(Dura-Europos)에 주택을 개조하여 사용한 예배처소였는데, 아마도 230년 대에 예배처소로 개조된 것으로 보인다. 이렇게 볼 때 그 이전 시대에는 종탑이 세워지거나 예배시간을 알리는 종이 사용되었을 리 없다. 313년까지는 신교의 자유가 없었고, 4세기 초엽 곧 313년 이후부터 로마를 비롯한 여러 곳에 교회당이 건축되기 시작하였다. 따라서 이때부터 종이 사용되었고, 예배시간을 알리는 종은 교회의 역사와 운명을 같이 했다.

한국에서는 기독교의 전래와 함께 교회 종이 등장했다. 일설에 의하면 아펜젤러가 입국할 때 종을 가져왔는데, 그것이 교회 종의 효시라고 한다. 이 교회 종은 한국에서 복음 전파의 신호이기도 했다. 이곳저곳에 예배당이 세워지면 그 옆에는 원두막보다 높은 종탑이 세워졌다. 교회 종은 예배시간을 알리는 것이 본래적 사명이었지만 시계가 흔치 않던 그때에는 마을의 일과를 알리는 신호이기도 했다. 종소리를 듣고 하루를 시작하였고, 들녘에 퍼지는 교회 종소리는 하루를 마감했다. 교회 종을 항상 두 번씩 쳤다. 초종은 예비 종으로써 예배 시간 30분 전에, 재종은 예배의 시작을 알리는 종이었다. 초종을 치면 부랴부랴 일손을 멈추고 집으로 향했고, 종소리를 들으면 음식 상을 뒤로 미루고 예배당으로 달려갔던 어린 시절의 일들은 아련한 기억으로 남아있다. 교회에는 종치기가 있었는데, 이 일은 교회 관리인의 몫이기도 했지만 많은 경우에 종치는 일을 사명으로 알고 일평생 종을 치며 어두운 새벽을 깨우는 파수군들도 없지 않았다.

그런데 이 교회 종이 수난을 당하기 시작한 것은 만주사변 때부터였다. 그러다가 1941년 대동아전쟁이 발발하자 일제는 8도에 흩어진 교회당의 종들을 징발해 가기 시작했다. 무기를 만들 수 있는 재료가 되었기 때문이다. 하기야 일제가 수탈해 간 물자에는 제한이 없었다. 조선을 병참기지로 삼았기에 전쟁수행에 도움이 되는 것이라면 가릴 것이 없었다. 고철, 놋그릇, 솔뿌리, 심지어는 머릿기름으로 사용되던 피마자 기름까지 징발해 갔다. 군수물자로 쓰기 위해서였다.

처음에는 점잖게 나왔다. 교회 종을 자진 헌납하라는 권고였다. 이미 조선예수교장로회 총회에서는 1942년 황군(皇軍)용 자동차 두 대를 구입하기 위한 기금으로 23,221원 28전을 헌납하였고, 이보다 앞서 총회는 36만 교도들의 이름으로 육해군에 애국기(비행기) 한 대씩과 고사 기관총 7대에 해당하는 자금을 총독부에 전달한 바 있다. 이 일에 앞장섰던 인물이 최지화, 정인과, 백낙준, 이용설, 오문환 등 당시로나 후일 역사로 볼 때 쟁쟁한 지도급 교계 인사들이었다.

감리교도 이와 다를 바 없었다. 감리교의 실력자이자 통리사였던 정춘수 목사는 1942년 2월 13일 각 교구장에게 보낸 "황군 위문급 철물 헌납건"이라는 제목의 공문에서 "교회당에 부설된 철물, 철책 등을 자진 헌납하도록 하신 줄 아오나, 교회 종도 헌납하여 성전(聖戰) 완수에 협력하고 승전 기념이 되도록 하실 것"을 간곡히 당부하고 있었다. 한국 교회는 각종 병기를 헌납하는 한편 교인들로 하여금 놋숟가락, 철기, 놋대야, 촛대 등도 헌납케 했다. 이런 형국이었으니 교회 종도 무사할 리 없었다.

처음에는 자진 헌납하라고 했으나 곧 강제로 징발해 가기 시작했다. 종탑교회라고 불리던 서울의 새문안교회의 종도, 정동제일교회의 종도 사라졌다. 지방의 교회도 마찬가지였다. "저 깊고 깊은 산골 오막살이에도" 들리던 종 소리는 서서히 사라지기 시작하였다. 결국 2천 5백 장로교회의 종을 포함하여 약 3천여 교회의 종이 무기로 화했다. 200여 교회는 징발되어 무기고(武器庫)로, 창고로, 인쇄소로, 혹은 병영(兵營)으로 화했고 어떤 경우에는 마구간으로 변모되었다. 때로는 새벽을 알리고, 때로는 어두워지는 들녘의 고단한 하루를 마감하게 했던 종소리는 밀레의 만종(晩鐘)처럼 역사의 흔적으로 남게 되었다.

해방과 함께 교회의 종도 부활했다. 1960년에는 청소년의 이른 귀가를 재촉하는 '사랑의 종'으로 거리의 발길을 재촉하기도 했다. 그러나 1970년대 중반 교회 종은 다시 수난의 길을 가게 된다. 교회의 수적 증가와 함께 도시의 교회 종은 소음으로 규제되기 시작한 것이다. 한때는 차임벨로 대치되기도 했으나 새벽예배를 알리는 교회의 확성기는 '수면방해'라는 죄명으로 민원사항이 되었고, 결국 도회지의 종소리는 서서히 사라지기 시작했다. 그래도 인심 좋은 마을에는 여전히 종탑에 쇠북 종이 자리를 지키고, 복(福)된 소리(音)를 발하고 있으나 언제 최후의 날을 맞을지 불안하기만 하다. 종소리를 모르는 세대는 불행한 세대다.

현재 한국에 남아 있는 교회 종 가운데 가장 오래된 것은 전북 익산시 항등동의 황등교회 종인데, 이 종은 1884년 제작된 종이다. 원래 이 종은 미국 플로리다 주에 위치한 '리스퍽 제일교회'에서 사용하던 종이었다. 황등교회는 1921년 계원식 장로에 의해 설립되었는데, 그의 아들 계일승 목사가 1948년 미국으로 유학을 떠나 리스퍽 제일교회 예배에 출석하던 중, 그 교회가 종 교체를 계획하고 있음을 알고 그 종을 한국의 황등교회에 기증해 주도록 요청하였다. 이 요청이 받아드려져 계일승 목사는 이 종을 배에 싣고 한국으로 향했지만, 1950년의 6.25 동란으로 배는 한국으로 오지 못하고 일본 동경에 머물게 된다. 그러다가 이 배가 미국에서 출발한지 약 1년 6개월이 지난 1951년 6월 10일 부산항으로 입항하게 되어, 이 종도 부산항을 거쳐 황등교회로 옮겨져 오늘에 이르고 있다.

11
초기 한국 교회에서의 권징

　개혁교회 전통에서 합당한 권징(勸懲)은 말씀의 신실한 선포, 성례의 올바른 집행과 더불어 참된 교회의 3대 표식으로 간주되어 왔다. 물론 권징이 참된 교회의 표식일 수 있는가에 대해서는 논란이 없지 않았다. 권징이란 합당한 성례집행을 준비하게 하고 신자의 삶에서 성화를 추구하도록 하는 제도적 장치이기 때문에 엄격한 의미에서 권징을 참된 교회의 또 하나의 표식으로 간주할 필요는 없을 것이다. 아마도 이런 이유에서 칼빈은 권징을 매우 강조하면서도 그것을 참된 교회의 표식으로 말하지 않았던 것으로 보인다. 말씀이 신실하게 선포되고, 성례가 합당하게 시행되면 권징의 문제는 자동적으로 해결되기 때문이다. 그러나 장로교 전통에서는 말씀과 성례와 함께 권징을 별도의 표식으로 간주해 왔다. 권징이란 죄를 범한 사람들에게 죄를 깨닫게 하고, 죄를 회개케 함으로써 하나님과의 바른 관계를 회복하게 만들어 주는 '신령적 유익'을 위한 것이다.

　그렇다면 초기 한국 교회에서는 권징이 어떻게 시행되었을까? 아시아나 아프리카 지역 선교사들은 이교적 윤리 현실에서 권징의 필요성을 인식하고 있었으나 그렇게 강조하지는 못했다. 말씀의 전파가 시급했고, 말씀 안에서 삶을 요구하기까지는 오랜 시간이 소요되었기 때문이다. 그러나 한국에서의 경우는 달랐다. 한국에서는 처음부터 분명한 삶의 변화를 요구하였고, 신앙생활의 엄격성이 요구되었다. 청교도적 윤리가 강조되었고, 신앙생활의 엄격성이 신앙적 덕목으로 강조되었다.

또 기독교 복음을 여러 종교 중의 하나가 아니라 하나님의 계시를 지닌 유일한 종교로 파악하고 있었다. 그래서 초기 선교사들은 담대히 그리고 타협 없이 가르쳤다. 이러한 분명하고 엄격한 가르침은 아마도 초기에 내한한 장로교 선교사 중에 17세기 스코틀랜드의 언약파(Covenanters)의 후손들이 있었기 때문이 아닐까?

초기 한국인들이 입교하고 세례를 받을 때, 주일성수, 조상제사 금지, 금주 및 단연, 축첩과 노름의 금지 등 엄격한 생활의 변화를 요구했다. 유교적 가치는 복음의 교훈으로 대치되지 않으면 안 되었다. 진정한 부모공경은 차례(茶禮)를 드림으로써가 아니라, 생시의 공경에 있다는 가르침은 신자들의 삶을 통해 나타나야 했다. 이상과 같은 수세 청원자에 대한 요구는 신앙 유익을 위한 조치였으나, 그것이 국민의식을 깨우쳐 주고 건실한 가정생활을 영위하도록 하는 사회개혁의 의미를 지니고 있었다. 존 스탓트(John Stott)가 말한 바처럼, 기독교는 어디에서나 '새로운 사회'(a new society)를 꿈꾼다. 한국에서도 예외는 아니었다.

한국 교회 초기에는 세례를 받고 교회의 회원이 되는 데는 6개월에서 2년이 소요되었다. 학습이나 세례 청원자에게 조건 없이 값싼 세례를 베풀지는 않았다. 세례 신청자를 여러 번 심사하였고, 충분

한 회심과 변화의 증거가 있을 때 세례를 베풀었다. 한규무에 의하면 [51] 1887년 내한한 남 감리회 소속의 콜리어(C. T. Collyer)는 개성에서 사역하였는데, 그의 열성적인 사역의 결과 불과 1달만에 아홉 사람에게 학습을 베풀었다고 한다. 그런데 10번째 지원자는 학습을 받지 못했다고 한다. 예수 믿겠다는 것만으로도 경하하고 환영해야 할 입장이었지만 10번째 신청자는 거절당했다. 그 이유는 여러 명의 첩을 두고 있었기 때문이었다. 서울의 새문안교회의 경우 1907년 11월, 56명의 수세 신청자가 세례문답을 했는데, 이들 가운데 문답에 통과하고 세례를 받은 이는 오직 8명에 불과했다. 1908년 3월의 문답에서는 수세 신청자 12명 전원이 낙방했다고 한다. 당시로는 세례 받기 위해 재수, 삼수하는 일이 적지 않았다.

부산의 부산진교회 당회록에는 손화순 조모의 수세신청건이 상세히 기록되어 있다. 그는 1904년 5월 세례 받기를 원했으나 "아는 것이 없는 고로" 문답에서 불합격하였고, 3개월 뒤 다시 수세신청을 했으나 "요긴한 것을 모르는 고로" 재수에서도 실패했다. 배운 것 없는 노인에게 야박할 정도로 초창기 한국 교회의 신앙지도는 엄격하고 철저했다. 따라서 권징도 그러했음은 말할 필요가 없을 것이다. 한국 교회 초기에는 철저한 권징을 실시하였고, 권징을 받았다고 해서 쉬 교회를 옮겨가는 일도 없었다. 도리어 자신의 부족임을 알고 자중하고 자숙했다.

이 당시 권징을 받았던 중요한 이유는 교회의 공예배 출석치 않음,

51　한무규, "세례문답," 『신앙세계』(96. 6), 86ff.

주일을 거룩하게 성수하지 않음, 불신자와 결혼, 혼인 전에 몸을 조심하지 않음, 술취하거나 흡연하여 덕을 세우지 못함, 빚을 갚지 않거나 남에게 재산상의 피해를 입힘, 아내를 구타함, 첩을 두는 일 등이었다. 이중에서도 주일을 잘 지키지 않는 일이나 자녀를 불신결혼시킨 경우가 가장 빈번했다. 한국 교회는 그 초기부터 권징을 중시하였다. 역사가 오랜 교회의 당회록을 보면 권징건이 중요한 의제였음을 알 수 있다. 한국 교회 초기 당회록은 사실은 권징록(勸懲錄)이었다. 역사가 오랜 부산의 제일영도교회(1896년 설립)의 경우 당회가 조직되고 나서 처음 모인 당회가 처리한 5가지 안건 중 4건이 치리건이었다. 이 교회는 1921년에는 "믿음이 떨어진 이유"로 교인 한 사람을 치리한 일도 있었다. 뿐만 아니라 1926년에는 "주일을 잘 지키지 않는 기간이 오래된" 4사람의 남자 학습교인과 "낙심한지 오래된" 한 사람의 남자 세례교인을 당회가 권면했고, 당회의 권면을 받고도 "회개치 않고 배교한" 두 남자 세례교인을 제명하는 등 엄격한 권징이 시행되었다. 물론 그 이전이나 이후에도 동일했지만 1920년대는 가난한 농촌생활에서 성수주일은 대단히 어려웠다. 그러나 성수주일은 신자의 기본적인 의무로 인식되었고, 이를 실천하지 않으면 치리의 대상이 되었다.

경남지방에서 역사가 깊은 창원 가음정교회의 첫 권징은 강모, 이모 두 사람이 "주일을 아니 직희오매 벌하기로" 가결한 일이었다.

불신결혼은 또한 가장 빈번한 치리사유였다. 역사가 오랜 교회의 당회록에 보면 자녀가 불신결혼의 경우 신자인 부모가 치리를 받았다. 이 점은 경남 창원의 가음정교회 당회록에도 나타나 있다. 황모씨는 "학습한 자녀인데 밋지 안는데 시집간고로 학습에서 제우기로 동의 가결하였고," 유모씨 본인은 "불신자와 혼인한 연고로" 치리를 받았다. 1932년 5월 김모씨와 명모씨는 딸을 불신자에게 출가시켜 제명을 당할 정도의 엄한 벌을 받았다.

이런 점만 보더라도 적어도 1930년대까지는 엄격한 치리가 행해졌다. 심지어 이런 경우도 있었다. 1922년 8월 가음정교회 당회는 논(畓)에서 물을 대는 문제로 싸운 강모씨를 30일간 책벌한 일이 있었다. 8월이면 들판에서 물을 끌어와 벼 농사를 짓는 시기인데, 아마도 물을 대는 문제로 윗논과 아랫논의 주인이 말다툼을 벌인 것 같다. 그러나 신자인 강모씨가 덕을 세우지 못한고로 교회에서 치리를 받았다.

그런데 이러한 치리에 대해서 당사자들은 대체적으로 순응적이었다. 당회록에는, "회개하고 주일을 잘 지킴으로 해벌하기로 하다"는 등 해벌에 관한 기록 또한 적지 않다. 이런 자세는 오늘의 한국 교회에서는 상상하기 어려운 일들이다. 치리의 오용도 문제일 수 있지만 당회가 공정하고 정의롭지 못하면 권징 자체가 무의미해 질 수 있다. 성수 주일을 하지 않음, 간음, 불신결혼, 노름, 아내 구타, 축첩 등으로 치리를 받고 자숙을 요구했던 것은 아직 기독교 가치나 기독교적 윤리의식이 분명치 못했던 때에 기독교적 삶과 실천을 가르치는 방식이었다.

이상에서 말한 바를 정리하면 한국 교회 초기에는 수세자 확보는 교회의 긴박한 요구였음에도 불구하고 진정으로 회개한 이들에게 세례를 베풀었고, 교회의 회원이 된 이들에게는 엄격한 치리를 시행함으로써 교회의 거룩성을 확보했음을 엿볼 수 있다. 그러했기에 초기 한국 교회는 불신자들에게도 존경과 신뢰를 받지 않았을까?

12
최초의 기독교식 결혼식

기독교는 그 처한 사회에서 기독교적 삶의 방식을 형성해 간다. 그렇다면 오랜 세월동안 유지되어온 유가(儒家)적 결혼예식과는 달리 신식 결혼식, 곧 기독교적 예식은 언제부터 시작되었을까? 관혼상제(冠婚喪祭)란 한 사회의 질서와 관습, 문화적 전통을 이어가는 주된 예식인데, 결혼은 더욱 그러했다. 저명한 중세문화사가인 크리스토퍼 도우슨(Christopher Dawson)은 한 사회의 기독교적 가치를 판단해 볼 수 있는 기준은 그 사회의 관혼상제와 같은 전통문화가 얼마나 기독교적으로 개혁되었는가에 달려 있다고 말한 바 있다. 그의 설명이 정당하다고 본다면 기독교식 결혼예식의 시행은 한국사회에서 '기독교적'(Christian)이라고 말 할 수 있는 삶의 양식의 변화를 의미한다. 최근에 와서 혹자는 기독교의 한국 전래가 한국의 미풍양식이나 전통의식, 이를 통칭하여 전통문화를 파괴하였다고 비판하였지만, 이는 정당하다고 볼 수 없다. 전통적이기 때문에 무조건 유지되어야 하고, 외래적인 것이기 때문에 무조건 거부되어야 한다는 주장은 편협한 민족주의, 혹은 배타적 문화민족주의일 따름이다.

한국에서의 최초의 신식 결혼식, 곧 기독교(개신교)적 결혼예식이 거행된 것은 언더우드와 아펜젤러가 입국한지 3년 후인 1888년 3월 이었다.[52] 아펜젤러에 의해 개종한 한용경(Han Yong-Kyeng)이라는 청년은 불과 4개월 전에 아내를 잃고 지내던 중 여러 선교사들의 권함을 받고 새로운 출발을 맞게 되었다. 그것도 기독교적 예식으로 결혼식을 행했으니 당시로는 매우 대담한 일이었다. 주례자인 아펜젤러는 그의 일기에서[53] 이렇게 썼다.

"두 사람이 단상 앞으로 걸어 나와서 기독교식으로 백년가약을 맺는 것을 보면서 실로 담대한 사람이라고 여겼다."

신랑과 신부가 서로를 똑바로 바라보고, 주례자 앞에서 사랑과 보호를 약속하고 이 세상 끝날까지 동고동락하겠다는 약속은 방자하고 경망스런 언동으로 이해되던 시대였으니 말이다. 그러나 이 최초의 신식 결혼예식은 점차로 이 땅에 뿌리 내리기 시작했고, 오랜 전통의 벽을 깨고 여러 지역으로 확산되어 갔다.

호주 선교부가 활동하던 부산 경남지방에서 첫 기독교식 결혼예식이 거행된 때는 서울보다 8년이 늦은 1896년 6월 10일이었다. 호주 선교사의 제2진이 입국한지 꼭 5년 후인 이날 심취명(沈就明)과 김봉숙

---

52 일제강점기 잡지인 『別乾坤』(별건곤) 16, 17호(1928.12), 82쪽에서는 최초의 신식결혼자는 서울 정동교회당에서 결혼한 감신성과 박시실녀의 결혼이었다고 한다. 그러다가 1892년 가을 이화학당 학생 황메례(黃메禮)와 배재학당 학생 박모(성명이상)의 결혼이 면사포까지 올린 완벽한 서양식(기독교) 결혼이었다고 기록하고 있다. 이순우, 『손탁호텔』(하늘재, 2012), 250-251.

53 Appenzeller Diary, March 15, 1888.

(金鳳淑)은 기독교 예식으로 부부가 되었다. 주례자는 아담슨(A. Adamson) 선교사였다. 심취명은 부산지방 최초의 세례신자였던 심상현의 동생으로서 1904년 5월 장로로 장립 받아 경상도지방의 첫 장로가 되었고 1909년 이 지방의 첫 목사가 된다. 그가 결혼할 당시는 형의 뒤를 이어 멘지스(Miss B. Menzies) 선교사의 어학 선

부산지방에서 기독교예식으로 결혼한 첫 인물 심취명과 김봉숙

생으로 일하고 있을 때였다. 반면에 김봉숙은 부산진에 사는 어부의 딸인데 호주 여선교사들이 운영하는 여자 성경반(Young Women's Bible class)에 출석하는 여성이었다. 결혼할 당시는 세례받기 전이었으나 수세 후보자로서 성격이 밝고 온화한 처녀였다. 이들은 1896년 6월 10일 오후 3시 부산진 좌천동의 호주 선교사관에서 "전 생애를 함께 하기로" 서약하였다. 이날 결혼식은 서양 사람이 집례하는 첫 신식 결혼예식이라고 하여 원근각처에서 많은 사람이 몰려들었고, 이름 그대로 진기한 구경거리가 되었다.

호주 출신의 미혼 여선교사 무어(Miss Bessie S. Moore)는 이날의 결혼식에 대하여 1896년 6월 21일자 편지에서 이렇게 썼다. "이날의 예식은 이 지방에서의 첫 기독교식 결혼예식이었고, 그 모든 예식은

상당한 관심을 불러 일으켰다."⁵⁴

　부산 경남지방에서의 첫 신식 결혼식에 관한 무어의 편지, 멘지스의 1896년 6월 28일자의 기록을 종합해 볼 때 심취명의 결혼에 얽힌 흥미로운 사실들을 읽을 수 있다. 심취명의 부모들은 아들 상현의 첫 수세와 갑작스런 사망을 통해 이미 신자가 되어 있었으나, 꼭 신자를 며느리로 맞아드려야 한다고는 생각지 않았다. 도리어 부유한 양가집 처녀를 생각하였고 아들 취명과는 의논도 없이 며느리를 정하여 결혼시키려 했다. 그러나 심취명은 불신결혼을 완강히 거부하였고 교회에 출석하는 여성을 구할 때까지 결혼하지 않겠다고 했다. 부모들은 크게 실망하기도 했으나 아들 취명의 고집을 꺾지 못했다. 얼마 후 멘지스와 무어는 심취명의 부모들을 설득하여 "여자 성경반"에 출석하는 한 여성을 며느리로 맞아들이는 것이 어떻겠느냐고 제안하였다. 며칠이 지난 후 심취명의 어머니는 여자 성경반 학습이 진행되는 날 저녁 선교사관 창가를 서성거리면서 내실을 훔쳐보았다. 이리저리 둘러보았으나 썩 마음이 내키는 처녀를 찾지 못했다. 그러나 아들 취명의 생각은 달랐다. 멘지스의 조언을 들으며 이들 가운데 19살난 처녀 김봉숙을 마음에 두고 있었다. 처음에는 부모의 반대가 없지 않았으나 심취명은 김봉숙과 혼인하게 된다. 이 결혼식은 단순히 최초의 기독교적 예식이라는 점만이 아니라 '기독교 가정'의 탄생이었다.⁵⁵ 그런가

54　being the first Christian wedding in this part of the world, the whole affairs caused a considerable sensation.
55　부산, 경남지방에서의 두 번째 신식 결혼예식은 심취명이 결혼한 후 3주일 후에 있었다. 3년 간 멘지스의 지도와 보호 아래 자라온 여자 성경반의 한 처녀는 부산, 경남지방에서 봉사하던 매서전도인(Bible colporteurs)과 결혼했다.

하면 서부 경남지방에서의 첫 기독교적 결혼예식은 1908년 6월 13일 의사이자 목사인 휴 커를(Dr. Hugh Currell)이 주례한 손세영 군과 표영애 양의 혼인이었다고 한다.

익히 아는 바이지만 이때까지만 해도 한국 여인들의 결혼은 행복된 출발이 되지 못했다. 어떤 한국 부인은 자기 여동생이 겪은 결혼생활의 고통을 보면서 "한국 여인들은 일생동안 꼭 두 번 후회할 때가 있다. 한 번은 태어날 때고 다른 한 번은 결혼할 때다."(There are two times of regret in a woman's life: when she is born and when she is married)라고 말했다고 선교사 헌틀리는 기록하고 있다.[56] 결혼한 부인은 생애 대부분을 은폐된 공간에서 지내야 했고, 그 생활반경은 제한되어 있었다. 여인들은 남편과의 동등한 대우는 그만두고라도 때로는 인간적인 대우도 받지 못했다. 감리교 선교사 셔우드 홀(Sherwood Hall)은 "한국의 여인들이 남편에게 불충(infidelity)하다는 이유로 코가 잘린 것을 여러 번 보았다"고 기록했다.[57]

이때의 결혼은 신부에게는 모험과 시련의 시작이었다. 결혼 전날까지도 평생을 함께 할 남편의 얼굴 한 번 보지 못하고 부모의 뜻에 따라 결혼해야 했다. 부인의 존재 가치는 남아를 출산하는데 있었고, 남아를 출산하지 못하면 '칠거지악'의 하나로 간주되어 이혼사유가 되었다. 이런 사회적 분위기에서 기독교 복음은 새로운 질서이자 새로운 삶의 서광이었다. 이제 결혼과 가정생활도 점차 새로운 관계로 변화되기 시작했다. 여자도 남자와 똑같이 하늘 아버지의 사랑받는 자녀라는

---

56 마서 헌틀리,『한국개신교초기의 선교와 교회성장』(목양사, 1985), 154.
57 S. Hall, *Stethoscope in Asia*, 224-225; Robert Moose, *Village Life in Korea*, 233.

가르침과 인간상호 간의 동등한 관계, 여성도 교육의 대상이라는 기독교의 가르침은 밀폐된 안방으로 스며드는 한줄기 소망의 빛이었다.

13
사무엘 무어와 백정해방운동

기독교가 한국에 전래된 이래 여러 영역에서 변화가 일기 시작했다. 악습과 구습이 사라지고, 여성의 인권에 대한 새로운 인식을 하기 시작하였다. 민주의식이 고양되고 서구적 가치를 배우게 되었다. 19세기 말엽과 20세기 초 우리나라는 변화의 길목에 서 있었다. 당시 한국사회는 이름 그대로 격동의 시기였다. 이 변화의 길목에서 기독교 신앙은 변화와 개혁의 안내자였다. 그 큰 변화 중의 하나는 신분제도의 변화였다. 한국사회에 오랫동안 고통의 굴레로 남아 있던 사회 신분과 계층 간에 장벽이 무너지고 양반과 상민 사이에 가로 놓여 있던 휘장이 복음의 빛 가운데 제거되기 시작했다. 백정배(白丁輩)라고 천시 받던 이들에게도 해방의 빛이 비취기 시작했다.

백정은 이조 500년의 긴 역사에서 사회적으로 가장 천대받던 신분이었다. 노비나 종보다도, 창녀보다도 더 낮은 바닥 신분이었다. 이들은 기와집에서 살 수 없었고 비단 옷을 입을 수 없었다. 다른 사람이 보는 앞에서 담배를 피우는 일도 금지되어 있었다. 다른 사람에게는 항상 존댓말을 써야 했고 누구에게나 허리를 숙여 절해야 했다. 종들이나 어린아이들에게도 경어를 사용해야 했고 저들의 길을 앞질러가는 일도 금지되었다. 어린아이들로부터도 낮춤말을 들어야 했다. 특히 자식과 함께 있을 때 이런 대우는 더 할 수 없는 수모였다.

이들은 상투를 틀 수도 없었고 망건을 두르는 일도 금지되었다. 아들을 얻을 때까지는 머리를 묶지 못했고 반지를 끼지도 못했다. 백정이 장가를 들 때는 말 대신 소를 타야 했고, 신부는 가마를 탈 수 없었다. 이처럼 백정의 신분은 비천했다. 더욱이 그 신분은 의복과 생활환경, 사회적 삶에서 구분, 노출되어 있었다.

백정은 옷차림에도 제한을 받았다. 두루마기를 입을 수 없었고 비단 옷이나 가죽신을 신을 수 없었다. 그 대신 짚신이나 헝겊신을 신어야 했다. 주택에도 채색을 할 수 없었고 기와도 올릴 수 없었다. 그러므로 백정 신분은 누구에게나 공개되었다.

백정은 이름을 지을 때도 인(仁), 의(義), 예(禮), 충(忠), 효(孝) 등과 같은 고상한 이름을 쓸 수 없었다. 그 대신 석(石), 피(皮), 돌(乭)과 같은 좋지 않는 뜻의 글자를 사용해야 했다. 때로는 성씨마저 사용하지 못했다. 어떤 점에서 이들은 한국사회의 속죄양이었다. 직업과 관련한 신분제는 15세기 중엽 세종대왕 시대의 영의정이었던 황희(黃喜, 1363-1452)가 정한 칠반천인(七班賤人)에서 시작되었다. 일곱천민 계급이란 지방관속의 종, 광대, 유랑악사, 접대부, 백정, 무당(무녀), 기생, 가죽신 제조공(갓바치) 등인데 이중에서도 백정은 최하위직이었다.

이들 백정이 천대받았던 것은 생명살상을 혐오했던 불교의 영향으로 추측되지만 유교의 영향도 없지 않았을 것이다. 공자는 "사람이 죽어가는 짐승의 외마디 소리를 듣지 않기 위해서는 도살장을 집터에서 멀리 외진 곳에 두어야 한다고 옛 성인들은 말하느니라."고 했던 점을 고려해 볼 때 그렇다. 동물을 도살하는 끔찍한 방법 때문에 사람들은 백정을 싫어했을지도 모른다. 영국의 유명한 여행가로서 1892년 한국을 방문하고 『한국과 그 이웃들』(Korea and Her Neighbours)이라는 책을 썼던 이사벨라 비숍(Isabella Bishop)은 백정의 도살 장면을 이렇게 묘사한 적이 있다.[58]

"한국 사람들이 시장을 구경나갔다가 피가 질질 흐르는 고기가 햇볕에 타서 거무스름하게 된 것을 보고 속이 확 뒤집혔다. 한국인들의 도살장면을 보고서부터 외국인들은 오로지 일본 사람들이 잡아서 파는 고기만 사먹게 되었다. 한국 사람들은 짐승의 목을 칼로 조금 벤 후에 곧바로 마개를 꼭 틀어막는다. 그리고 나서 백정은 망치를 갖고 죽을 때까지 머리통을 두들겨 팬다. 이렇게 한 시간을 계속하는 동안 짐승은 외마디 소리를 질러댄다. 이 방법으로 하면 피를 흘리지 않고 살 속에 피가 다 스며들게 된다. 결국 무게가 더 나가게 되어 장사하는 사람은 이득을 보게 된다."

그런데 이들 백정에게도 예수의 복음은 소망의 빛이었다. 그리스도의 복음은 어두운 역사의 질곡에 갇혀있는 천민들에게도 한줄기 소망의 빛이었다. 백정에게도 복음을 전하는 이가 있었다. 그가 사무엘 무어(Samuel Moore), 곧 모삼률(毛三栗, 1846-1906) 선교사였다. 그

---

58 마서 헌트리, 『한국개신교 초기의 선교와 교회 성장』(목양사, 1985), 147.

는 백정도 하나님의 사랑받는 자녀이며, 그리스도 안에는 양반도 백정도 없으며, 계급이나 처별이 있을 수 없다고 가르쳤다. 무어 선교사는 우리 역사 깊숙이 자리하고 있는 신분차별을 제거하고자 싸웠던 의로운 전사였다. 미국 일리노이즈 출신으로 맥코믹(McComick)신학교를 졸업하고 북장로교 선교사로 파송을 받아 부인 로즈(Rose)와 내한했을 때는 1892년이었다. 이때 그의 나이는 46세였다. 그는 1893년 곤당골 교회(현 승동교회)를 설립하고 조선의 천민과 하층민들에게 복음을 전하기 시작했다. 특히 그는 한국사회의 신분 차별을 타파하기 위해 노력했다. 그의 이런 활동은 1894년 백정 박씨를 알고 그를 개종시킨 일에서부터 구체화되었다.

박씨가 장티푸스에 걸려 고통당하고 있을 때 무어의 배려로 에비슨(Oliver R. Avison) 의사가 박씨 집에 찾아가 치료하여 주었다. 박씨는 고종의 시의(侍醫)가 백정의 집에까지 찾아 온 사실에 감동을 받아 복음을 받아들였고, 1895년 4월 13일 세례를 받았다. 그의 아들 박서양(朴瑞陽)은 세브란스의학전문학교에 입학하여 1908년 6월 제1회 졸업생 7인중 한 사람으로 한국의 첫 의사가 되었다. 이것은 한 개인의 성취만이 아니라 시대의 아픔을 극복하는 쾌재였다. 백정 박씨는 1911년에는 곤당골교회의 장로가 되었는데 백정 출신 첫 장로였다. 그가 바로 박성춘(朴成春)이다. 곤당골교회는 다수의 백정으로 구성되어 심지어는 백정교회라고 불리기도 했다. 무어 선교사는 교회에 갓을 준비해 두고 예배에 참석하는 백정들에게도 갓을 쓰게 했다. 어떤 이는 너무 좋아서 잠을 잘 때도 갓을 쓰고 잤다고 한다. 누구도 헤아릴 수 없는 아픔을 안고 멸시받으며 살던 백정들에게 더 할 수 없는 기쁨이었다.

무어는 백정과 그 자녀들을 위한 교육사업에도 관심을 기울였다. 1895년에는 6명의 백정들이 세례를 받고 복음 안에서 자유를 누리게 되었다. 1898년에는 기독교 신자가 된 백정이 경기도지방에서만 132명에 이르렀다는 기록이 남아 있다. 무어 선교사와 그 동료들의 협조로 백정의 권리가 인정되고 신분의 자유를 누리게 되자, 백정들은 천시 받는 직업을 버리고 다른 직종으로 이직하는 수가 급증하였다. 그래서 1900년 당시 40만명으로 추정되던 백정의 수는 1920년대에는 3만 3천 명으로 크게 감소되었다. 무어 선교사가 별세하자 백정들은 그를 성자로 추대하고자 했던 것만 보아도 백정들의 아픔과 고뇌의 역사를 감지할 수 있다.[59]

---

59 이상의 중요한 정보는 Martha Huntley, *Caring Growing Changing* 제3장 중 "Sam Moore and the Butchers"를 참고하였음.

14
진주에서의 백정해방운동

　한강 이남에서 백정 해방의 작은 불길이 일어난 곳은 경상남도 진주였다. 1909년의 일이었다. 당시 진주지방에는 약 350여 가구의 백정들이 있었는데 이들은 신분상의 이유로 진주 성내에 거주하지 못하고 성 밖에 촌락을 이루고 살았다. 부르조아라는 말은 원래 '성(城) 안에 사는 사람들'이란 말에서 유래하였다고 한다. 유럽에서도 부유한 사람은 적의 왜침으로부터 보호 받을 수 있는 성안에 살았고 가난하고 가진 것 없는 이들은 성 밖에서 살았다. 우리나라도 예외일 수 없었다. 백정들이 감히 성안에 살 수 없었다. 진주에서 백정들이 살던 곳은 지금의 진주시 옥봉동 씨앗고개에서 대안동 중앙시장에 이르는 길목인데,[60] 이 지역 이름조차 덕스럽지 못했다. 옥봉동은 여자의 성(性)을 상징한다는 옥녀봉(玉女峰) 일대로써 '색향'(色鄕), 곧 진주의 민기(民妓)들이 모여 산 곳이기도 하다. 또 일부의 백정들은 진주성 서장대밖 성틀 밑에 모여 살았는데 이곳은 지금은 고수부지로 바뀌었다. 어떻든 백정 거주지역이 호주 선교부와 인접한 곳이었고, 이곳에서 선교

---

60 『역사산책』(1991. 4), 50.

하던 커를(Hugh Currell, 거열휴)과 그 일행들이 꾸준한 노력 끝에 백정 두 사람이 신자가 되었다.

비록 갑오개혁(甲午更張, 1894)을 통해 신분계급이 제도상으로는 철폐되었지만 오랜 전통은 쉬 사라지지 않고 여전히 백정들을 속박하고 있었다. 보수적이었던 진주지방에서는 더 말할 나위가 없었다. 1898년 이래로 백정들도 민적(民籍)에 오를 수 있었지만 백정 출신에게는 붉은 점을 찍거나 '도한'(屠漢)이라고 표시하므로 여전히 개인의 전력(前歷)을 의도적으로 노출시키고 있었다. 그러나 이들에게도 복음은 소망의 빛으로 다가왔다. 이제 복음은 신분과 사회적 계층을 넘어 한국의 사마라아로 향하게 되었고, 서부 경남의 흩어진 촌락으로까지 그 지경을 넓혀가게 되었다. 진주를 중신으로 사천(泗川), 산청(山淸), 함양(咸陽), 하동(河東) 등지로 기독교가 전파되어 이 지역 살림살이(文化)에 조용한 변화를 재촉했다. 특히 '반열(班列)을 쫓아 전도하므로' 백정들 가운데서도 신자가 생겨난 것은 후일 이 지방에서 일어난 복음운동과 더불어 형평(衡平)운동을 예고하는 일이었다.

백정 가운데서도 믿는 사람이 생겨나자 커를 선교사는 이들을 자기 집으로 오게 하여 성경공부와 예배를 주관했다. 처음에는 두 사람만이 예수를 믿었으나 차츰 백정 신자가 많아지자 기존의 진주교회와 그리 멀지 않은 백정들의 거주지에 예배처소를 정하고 집회를 계속하여 갔다. 그래서 진주교회와는 별도의 백정교회가 형성된 것이다. 당시 진주교회는 남녀 신자들이 함께 예배 드릴 수 없을 만큼 예배당이 크지 못했다. 당시 상황에 대한 『진주면 옥봉리(玉峯理) 예수교 장로회 연혁사』(1930)에 보면 흥미로운 기록이 남아 있다.

"이때는 교회가 앞으로 크게 진흥할 가망이 많은 것은 믿는 자 중에 유망한 인물이 많고 예배당이 좁아서 남녀 교우가 합석하여 예배보지 못하고 남녀가 나누어 두 번에 예배를 보게 되고 남녀 학생들도 70여 명에 달하여 재미가 있으며 기쁨이 충만하여 서로 반열(班列)을 쫓아 전도하므로 매 주일 새로 믿는 이가 증가되어 교회는 크게 전진하더라."

이런 은혜스러운 진주교회에 걷잡을 수 없는 파란이 일기 시작한 것은 1909년 5월 둘째 주일이었다. 이때는 커를 의사가 안식년으로 진주를 떠난 지 7개월 후였다.

그가 진주를 떠나자 혼자 진주에 남게 된 미혼 여선교사 스콜즈(Miss N. R. Scholes)를 지원하기 위해 호주 장로교 선교부는 부산에서 사역 중이던 켈리(Miss M. Kelly)를 진주로 배속했다. 1905년 내한한 켈리는 후일 메켄지(Mackenzie, 梅見施) 목사의 부인이 되었는데, 안식년으로 자리를 비운 커를 대신 진주지역 교회를 돌보는 책임을 지고 있었다. 또 마산에 있던 아담슨(손안로) 목사는 진주 지역을 통괄하는 책임을 맡게 되었다.

1908년 말 당시 진주교회에는 3백여 명의 신자들이 회집하고 있었고 교회가 은혜스러웠다. 백정들의 집회를 위해서는 진주교회에서 매 주일 예배 인도자를 택하여 보내 별도의 예배가 계속되고 있었다. 그런데, 1909년 4월에는 리알 목사(Rev. D. M. Lyall, 羅大闊) 부부가 내한했는데 진주로 배속되었다.[61] 진주에 도착한 리알 목사는 커를이 살던 집에 유하면서 진주교회를 비롯한 진주지방을 관장하게 되었다. 그런데 신분상의 차이 때문에 백정들이 별도의 예배를 드리고 있다는 사실에 놀라지 않을 수 없었다. 그래서 그는 부임 즉시 백정들과 일반신도들 간의 동석(同席)예배를 제안하였다. 이것이 복음에 합당한 태도라고 보았다. 선교사의 제안에 찬반양론이 있었지만 동석예배 찬성론자가 열세였다. 그러나 젊은 선교사 리알에게는 지체해야 할 이유가 없었다. 우리 모두는 하나님의 자녀이며, 복음에는 어떤 구별이나 차별도 없지 않는가? 리알 선교사는 1909년 5월 둘째 주일 백정들을 진주교회당으로 오게 하여 동석예배를 강행하였다. 이것이 문제의 발단이 되어 백정들과 일반신도들 간의 대립하는 양상이 벌어졌다. 이날 백정들이 예배에 동석키 위해 교회당(지금의 진주교회)에 들어오자 당시 4백여 명이 회집하던 진주교회 교우 중 3백여 명이 동석예배를 거부하고 교회당을 빠져나갔다. 동석예배에 대한 반발이었다. 이 사건은 진주교회의 첫 시련인 동시에 이 지방에서의 형평운동의 기원이 된다.

소문은 삽시간에 진주성 내외에 퍼졌고, 동석예배를 반대했던 2백여 명의 신자들은 그날 저녁 진주교회당에 모여 선교사에게 항의하게 되자 일대소동이 일어났다. 리알 선교사는 사람은 사회적 신분과 관

---

61 리알 목사는 호주 빅토리아주 장로교신학교육기관인 오르몬드대학(Ormond College)를 수료하고 남자 중.고등학교에서 수년간 교사로 일한 바 있다. 또 멜버른 중심가인 콜린스가(Collins St.) 158번지에 위치한 스콧츠장로교회(Scots Church) 부목사로 봉사했다. 그러다가 학생신앙운동 단체(Australian Student's Christian Movement)의 순회총무(travelling secretary)로 봉사하던 중 1908년 한국 선교사로 지원하였고 1909년 내한하게 된 것이다.

계없이 하나님 앞에 평등하고 존비귀천의 신분상의 차등은 진주지방의 관습에 지나지 않으므로, 교회가 더 이상 이런 차별을 용인해서는 안 된다고 설득했으나 당시로는 이해될 수 없는 권고였다. 선교사와 교인들 간의 언어의 장벽 또한 큰 소통의 장애가 되었다. 선교사는 부임한지 얼마 되지 않았으므로 한국어를 거의 몰랐고 교인들 중에 영어에 능한 사람이 없었으므로 오해의 소지가 내제하고 있었다.

선교사가 원칙을 고수하려하다 저녁예배는 대립과 혼란 가운데 무산되었고 결국 그 다음 주, 곧 5월 셋째 주에는 동석예배를 반대하던 이들은 진주교회당을 떠나 별도의 집회를 시작하였다. 결국 백정들과의 동석예배는 또 다른 분립을 가져오고 만 것이다. 이 분열은 꼭 49일간 계속되었다.[62]

---

[62] 〈옥봉리교회 연혁사〉는 이렇게 기록하고 있다. "백정 중에는 몇 사람이 믿는고로 그곳에 예배처소를 정하여 예배회가 시작되었기에 본 교회에서 매 예배회 시에 인도자를 택하여 보내며 혹 자발적으로 가서 성경도 가르치며 전도도 하더라. 하루는 리알 목사께서 교회제직과 그 밖의 여러 형제들을 모으고 말씀하시기를 백정들을 본 예배당에 와서 같이 예배 봄이 옳지 않은가 하며 십리 안에 예배당 두 곳을 둘 수 없다 하고 하나님 앞에는 존비귀천지별이 없으니 한곳에 예배 봄이 하나님의 뜻이라 한즉, 제직과 그 외의 몇 형제는 말하되, '목사님의 말씀이 옳으나 아직껏 신앙이 깊지 아니한 교우를 보나 우리나라 예절과 풍속을 본다 할지라도 합할 시기는 아직 이르다.' 하고, 또 한편에서는 나중에 교회가 어떻게 될 생각은 못하고 리알 목사의 말에 찬동하였다. 그런고로 합한 것이 옳다한 자는 가편(可便)이 되고, 시기가 이르니 합석할 수 없다는 자는 부편(不便)이라 하였다. 리알 목사께서 가편의 찬동은 합리적이요, 부편의 반대는 섭섭하다는 생각을 가졌다. 그러나 부편의 말대로 하면 교회가 조금 뒤숭숭 할 것은 명약관화라. 부편측은 평안 무사함이 옳을 줄로 알고 충고하였으나 조선말이 능통한 자 없으므로 통역함도 사실상 부족하리라고 생각한다. 피차에 이해 못됨은 큰 유감이라 하겠고 답답한 것은 바벨탑 쌓은 것을 인하여 언어가 같지 못함을 탄식할 뿐이더라. 주후 1909년 5월 둘째 주일에 믿는 백정들을 본 예배당으로 오라하니 남녀 15인이 와서 예배당에 들어앉으니 신앙이 깊지 못한 교우 남녀와 유력한 인사들이 온다 간다 말도 없이 각각 집으로 돌아가 버리고 예배석은 쓸쓸하게 되었더라. 이런고로 부편측은 가편측을 원망하며 서로 질시하는도다. 이런 무리가 예배한다고 찬송하고 기도하나 어찌 하나님이 기쁘게 받으시리요? 예배시간을 마치고 오늘 예배 좌석이 불안한 기분을 가지고 있던 현상을 묵도하신 바니 다시 생각하라 함에 리알 목사는 이르되, '사람을 기쁘게 함보다 하나님을 기쁘게 함이 옳지 아니하랴?' 하였다."

합석예배 거부사건은 서울의 곤당골교회(현 승동교회)에서도 있었지만, 진주에서 합석예배 반대 사건은 일반인은 말할 것도 없지만 기독교인들에게 조차도 신분의 벽이 얼마나 높았던가를 보여준다. 이런 상황은 1920년대 초까지도 변하지 않았다. 백정의 사회사를 연구했던 경상대학교의 김중섭 교수에 의하면 1922년 대구에서 다음과 같은 사건이 있었다고 한다.

1922년 대구의 일부 백정들이 야유회를 갔는데, 기생 몇을 데리고 갔다. 이것이 문제시 되었다. 일반인들은 그 기생들을 심하게 비난하였고 심지어 기생조합에서는 야유회에 따라간 기생들을 기적(妓籍)에서 제외시켰다. 말하자면 기생연합회에서 제명조치를 당했다. 이 사건이 시사해 주는 점이 적지 않다. 그 시대의 조류에 저항하려는 새로운 개혁운동, 곧 기독교의 평등사상은 수구적인 기존질서의 강력한 저항에 부딪쳤다. 그러나 1923년 4월 24일 진주에서 형평운동사(衡平運動社)가 창립되었는데, 1935년에는 대동사(大同社)로 개칭된다. 이것은 인간 사회의 평등을 추구하는 백정해방운동이었다. "우리 모두는 그리스도 안에서 동등하다"(고전 12:13)는 가르침이 현실화되기까지는 오랜 인내가 필요했다.

제 4 부

한국 교회 신앙과 고백

01. 미지의 땅을 향하여: 게일과 그의 아버지
02. 펜윅 선교사와 '예수 사랑하심'
03. 왕길지 선교사와 '내주는 강한 성이요'
04. 한국 교회 초기 복음성가들
05. 닥터 홀과 크리스마스 씰
06. 맹인 전도자 백사겸
07. 자선을 행한 여성, 백선행
08. 김메리 여사와 '학교종이 땡땡땡'
09. 장수철 선생과 '탄일종'

01
미지의 땅을 향하여 : 게일과 그의 아버지

캐나다인으로 한국의 첫 선교사였던 제임스 게일(James Scarth Gale, 1963-1937)에 대한 기록을 보면 흥미로운 이야기가 남아 있다. 1863년 캐나다 온타리오 주의 알마(Alma)에서 출생한 게일은 1888년 6월 토론토대학을 졸업하고 그해 12월 10일 내한하였는데 그때 그의 나이는 25세에 지나지 않았다. 당시 그는 내한한 최연소 선교사였다. 그가 선교사로서의 삶을 자원하고 한국으로 가기로 작정했을 때 그의 아버지(John George Gale, 1819-1923)는 69세였다. 그의 아버지는 조선으로 향하는 아들이 살아서 돌아올 것으로 여기지도 않았고, 또 아들이 살아서 돌아온다 하더라도 그때까지 살아 있을 수도 없다고 생각했다. 한국에 대한 정보라고는 "일본 부근에 위치한 아시아 동쪽 해안에 있는 나라"라는 정도 뿐이었다.[63] 이런 판국이니 아들을 보내는 아버지의 심정이 어떠했을까? 복음의 전령으로 생을 바친다는 것은 아버지로서는 분에 넘치는 영광이었으나 사랑하는 아들을 이 땅에서 다시 보지 못할 것이라는 절망감은 우리로서는 헤아리기 어려

---

63 *The Presbyterian Review*, Oct. 11, 1888.

운 아픔이었을 것이다. 더욱이 미지의 나라로 향하는 아들이 고작 25살에 지나지 않았기 때문이다.

게일

게일이 한국으로 향하기 위해 1888년 10월 25일 토론토의 유니언 역을 떠날 때 게일의 아버지는 이렇게 말했다고 한다. "사랑하는 아들아, 네가 그 먼 나라로 간다지. 그리고 네가 언제 돌아올지 모른다니, 내 나이 거의 70이니 너는 다시 내 얼굴을 보지 못하겠구나."[64] 한국에 대한 무지는 게일의 가족들에게 커다란 슬픔을 안겨주었다. 게일의 아버지는 한국으로 향하는 유니언 역사(驛舍)에서 아들의 목을 안고 이 땅에서의 작별을 아쉬워하며 눈물로 환송했다. 이런 시대에 선교사로 자원한다는 사실 하나만으로도 칭송받아 마땅하다. 사실 서부 아프리카는 이보다 더했다. 그곳은 "선교사의 무덤"으로 불리기도 했다. 그럼에도 불구하고 그 죽음의 땅으로 향하는 젊은이들이 있었으니 복음을 위하여 산을 넘는 자들의 발길은 아름다울 수밖에 없다. 선교의 역사는 자기 희생을 통해 엮어가는 거룩한 헌신의 기록이다. 그런데 사실 게일의 아버지가 생각했던 만큼 한국은 위험한 곳은 아니었다. 물론 여러 난제들이 선교사의 행로를 가로 막았으나 생명까지도 요구했던 일은 그리 많지 않았기 때문이다. 그러나 아버지의 마음은 그렇지 않았다.

---

64 J. E. Fisher, *Pioneers of Modern Korea* (CLC, 1971), 97.

게일은 69세의 아버지와 작별하고 토론토를 거쳐 벤쿠버로 갔다. 토론토를 떠나기 전날 밤에는 허드슨 테일러(Hudson Taylor, 1832-1905)를 만나 기도를 받았는데, 벤쿠버에서는 무디(Dwight Moody, 183-1899)를 만나는 예상치 못한 축복을 받았다. 무디의 기도를 받고 벤쿠버에서 엠프레스 오브 차이나(Empress of China)호를 타고 한국으로 향했다. 요고하마를 거쳐 나가사키에 도착한 게일은, 12월 10일 히고마루(Higo Maru)라는 일본 배를 타고 나가사키를 떠나 부산으로 향했다. 부산에 도착한 날이 12월 12일 오후 3시경이었다.[65]

긴 여정을 거쳐 내한한 게일은 9년간 일하고 1897년 첫 안식년으로 캐나다에 돌아갔다. 그런데 그때 78세였던 그의 아버지는 건강하게 살아 있었다. 고향을 떠날 때 지상에서의 마지막 대면일 것으로 여겼으나 다시 게일 부자가 상봉하게 된 것이다. 게일이 안식년을 마치고 다시 한국으로 향할 때 그의 아버지는 이전과 동일한 작별의 말을 했다고 한다. 이제는 80이 가까운 나이인데, 다시 아들을 만나기는 어려울 것이라고 판단했다. 이번에도 아들의 목을 안고 천국에서 만나자며 작별을 고했다. 게일은 다시 선교지 한국으로 와 한 기(term) 사역을 마치고 1904년 두 번째 안식년으로 본국으로 돌아갔다. 이때 그의 아버지는 85세였으나 여전히 건강하게 살아 있었다. 안식년을 마치고 한국으로 떠날 때 게일의 아버지는 이제는 이 땅에서 다시 보지 못할 것으로 여겼다. 그러나 게일이 세 번째로 캐나다로 돌아갔던 1906년 다시 아버지의 얼굴을 볼 수 있었고, 1919년 게일이 안식년

---

65 유영식, 『착한 목자』 (도서출판 진흥, 2013), 37.

으로 다시 캐나다로 돌아갔을 때 그의 아버지는 여전히 살아 있었다. 꼭 100세의 나이였다.

멀리 보내는 아들에 대한 사랑과 그의 귀환을 지켜보고자 했던 그의 아버지의 사랑, 그 사랑은 하나님이 주신 생명을 연장해 가는 동력이 되었을 것이다. 아들에 대한 아버지의 사랑의 힘이었을까? 게일의 아버지는 사랑하는 아들의 35년 간의 선교사역을 지켜본 뒤, 그리고 아들이 안식년으로 고향집에 돌아오기까지 기다렸다가 1923년 104세를 일기로 세상을 떠났다. 그 얼굴을 다시 보지 못할 것으로 알아 이 땅에서 마지막 이별을 나눈 지 무려 35년이나 지난 후였다.[66]

---

66 이 게일 부자에 관한 이야기는 하디(Dr R. Hardie) 의사의 사위이자 내한 선교사로 연희전문학교 교수였던 James Fisher의 기록, *Pioneers of Modern Korea*(93-107)을 근거로 작성했는데, 피셔는 이 이야기를 게일로부터 직접 들었다고 말한다. 그런데 게일의 전기를 썼던 Richard Rutt는 게일의 아버지가 1909년 90세로 사망했다고 말한다. 게일 연구가인 유영식 박사도 게일의 아버지는 1909년 7월 7일 사망했다고 주장한다. 그렇다면 게일 자신의 회상과 어떻게 조화될 수 있을까? 뭔가 착오가 있는 것이 분명하지만 적어도 게일의 3번째 귀국일인 1906년까지의 이야기는 틀림없는 사실일 것이다.

02
펜윅 선교사와 '예수 사랑하심'

우리들에게 가장 친숙한 노래가 있다면 그것은 아마도 지금의 찬송가 563장에 편집되어 있는 "예수 사랑하심은 거룩하신 말일세"로 시작되는 '예수 사랑하심은'일 것이다. "예수께서 나를 사랑하심을 내가 아네"(Jesus Loves Me This I Know)로 시작되는 영어 가사의 번역인 이 찬송은 한국에 가장 먼저 소개된 찬송이었고, 우리의 마음 깊은 곳에 주님 사랑을 일깨워 준 찬송이었다. 이 글을 읽는 대부분의 독자들이 신앙생활을 한 후 아마도 처음 배운 노래가 이 노래였을 것이다. 필자 또한 경상북도 영풍군의 산촌에서 처음 배운 노래가 바로 이 노래였다. 우리의 어린 시절 목이 터져라 불렀던 이 노래는 영혼의 고향처럼 주를 향한 우리 가슴 깊은 곳에 자리하고 있다. 이 노래는 1859년 미국인 와너(A. B. Warner)가 쓴 가사에 브레드버리(W. B. Bradbury)가 곡을 붙인 것인데, 미국에서도 가장 많이 애송된 노래였다고 한다. 그렇다면 이 노래가 언제쯤 누구에 의해 한국에 소개되었을까? 그리고 필경 지금의 가사와는 다른 이 노래의 첫 가사는 어떠했을까?

필자는 여러 문헌을 검토하는 가운데, 첫 노랫말은 지금의 것과 크게 달랐고, 한 사람이 아닌 복수의 번역자가 있었음을 알게 되었다. 따라서 지역에 따라 각기 다른 가사가 불려졌다는 사실을 알게 되었다.

이 노래를 처음으로 번역하고 우리 한국인들에게 소개한 인물은 다름 아닌 말콤 펜윅(Malcolm Fenwick, 1865-1935)이었다. 그의 번역본이 지역에 따라 약간 고쳐져 여러 본(Version)이 되었을 가능성도 없지 않다. 1863년 캐나다 토론토의 마크햄에서 출생한 펜윅은 향리에서 농업에 종사했다. 부모의 영향으로 신자가 된 그는 비록 배운 것은 없으나 복음 전파의 소명을 깨닫고 평신도 전도자로 일하기 시작했다. 그가 철물업에 종사하고 있을 때였다. 그러다가 그는 한국에 대한 소식을 접하고 1889년 7월 한국 선교에 관심을 갖게 되었다. 그의 한국행을 가로막는 한 가지는 신학교육이나 고등교육을 받지 못했다는 점이었다. 필요한 교육을 받지 못한 내가 어떻게 선교사로 일할 수 있단 말인가? 복음전도의 사명은 불탔으나 그 사명을 뒷받침 해줄 만한 훈련이 없었다. 그는 이 일로 약 4개월간 주저했다. 그러나 하나님은 "나 같은 천학비제한 사람도 부르신다"는 확실한 소명을 깨닫고, 1889년 12월 8일 내한하였다. 복음을 전하는데 귀한 그릇은 못되더라도 생명수를 나눠줄 수 있는 "찌그러지고 누추한 그릇은 될 수 있다"고 생각하고, 한국을 향했을 때 그의 각오는 비상하였다. 그가 즐겨했던 말은 "하나님께서 세상의 미련한 것들을 택하사 지혜 있는 자들을 부끄럽게 하려 하시고, 세상의 약한 것들을 택하사 강한 것들을 부끄럽게 하려 하시며, 이는 아무 육체라도 하나님 앞에서 자랑하지 못하게 하려 하심이라."는 고린도전서 1:27-29절 말씀이었다. 이 말씀은 그에게 큰 위안이 되었다.

그는 내한한 첫 침례교 선교사로 알려져 있으나 당시 그는 어느 교파에도 속하지 않는 복음전도자였을 뿐이다. 처음 10개월 간은 서울에 체류하면서 한글을 익혔고, 곧 소래로 갔다. 소래는 한국기독교의 연원지라고 볼 수 있는 곳인데, 행정구역은 황해도 장연군 대구면(大救面) 송천(松川)이다. 그는 이곳에 체류하면서 처음 번역한 노래가 바로 "예수 사랑하심은"이었다. 이때가 1890년이었다. 첫 가사는 지금의 가사와는 많이 달랐다.

1. 쥬님 날 ᄉ랑홈을
   셩경으로 내가 아오
   보비피흘님으로
   두려온 ᄆᆞᆷ업시ᄒ오

2. 십ᄌ도라가심은
   하늘문을 크게여오
   내가 항복만ᄒ면
   진실문에 드러가오

3. 늘갓가히 계심은
   허학ᄒ신ᄃᆡ로ᄒ오
   건너가면 유ᄒ든
   말슴 뎡ᄒ신쥴 아오

4. 쓸ᄃᆡ업ᄂᆞ 아ᄒᆡ나
   아모근심 아니ᄒ오
   어린 아ᄒᆡ 엇으랴
   다시 오실쥴아오

후렴
예수씨 날 ᄉ랑ᄒ오
예수씨 날 ᄉ랑ᄒ오
예수씨 날 ᄉ랑ᄒ오
셩경으로 내가 아오

이 가사가 오늘 우리가 부르는 노래와 비슷한 형태를 갖춘 것은 1890년대 후반기였을 것이다. 1898년에 편찬된 찬송가 『찬셩시』에 보면 지금 우리가 부르는 가사와 거의 비슷했다. 그 가사 1, 2절은 다음과 같다.

1. 예수 ᄉᆞ랑ᄒᆞ심은
거룩ᄒᆞ신말일네
어린거시약ᄒᆞ나
예수권셰만토다

2. 저를ᄉᆞ랑ᄒᆞ심시니
저의 죄를다씻쳐
하늘문을여시고
드러오게ᄒᆞ시네

날ᄉᆞ랑ᄒᆞ심
날ᄉᆞ랑ᄒᆞ심
날ᄉᆞ랑ᄒᆞ심
셩경에쓰셧네

펜윅 선교사는 이 찬송 외에도 "나는 참 기쁘다"(I am so glad)를 번역하였고, "와서 보고 참 생명을 얻으라"(Look and Live)를 번역할 때는 한국어와 씨름하였다고 회고한 바 있다.[67] 이 찬송은 오그덴(Ogden)이 쓴 것인데 이 시 중에서 특히 Life is offered unto you를 어떻게 번역할 것인가로 고심하면서 한국인과 토론했다. "너희에게 생명을 바치신다"로 번역하자니 '바친다'는 용어는 지위가 낮은 사람

---

67 Malcolm C. Fenwick, *The Church of Christ in Corea* (George H. Doran, 1911), 제 3장 참고.

이 상급자, 혹은 상위자에게 드리는 행위이기 때문에 우리 풍습에 맞지 않는다는 것이었다.

어떻든 펜윅은 그 후에도 여러 찬송을 번역하여 1904년에는 전 20곡의 찬송 번역집을 『복음 찬미』라는 이름으로 출판하였다. 이렇게 볼 때 펙윅은 한국 교회 찬송가 발전에도 큰 자취를 남겼음을 알 수 있다.

03
왕길지 선교사와 '내 주는 강한 성이요'

음악은 복음 전도에 중요한 역할을 했다. 초대교회 때부터 음악은 예배의 중요한 요소였다. 예배음악과 음악의 발전은 상관관계가 있다. 중세음악은 바로 교회음악이었다. 서구 음악계의 명사 중 교회와 무관한 사람이 있었던가? 종교개혁시대에도 음악은 중요한 역할을 했다. 흔히 루터는 문명의 이기인 인쇄술을 가장 효과적으로 이용한 사람으로 일컬어지고 있는데, 그는 음악도 효과적으로 이용한 인물이었다. 그는 인쇄술의 도움으로 개혁사상을 전 구라파에 광포할 수 있었고, 그의 저작은 개혁사상 전수의 은밀한 도구였다. 16세기 이래로 소책자 운동은 전도의 중요한 방법이었다. 이런 역사적 경험 때문에 흔히 개신교를 '책의 종교'(Religion of Book)라 일컫기도 한다.

음악애호가였던 루터는 음악도 효과적으로 이용했는데, 가사와 곡을 쓰기도 했다. 그가 쓴 20여곡의 찬송이 현재까지 전해 내려오고 있다. 그는 당시 문맹자들에게도 음악을 통해 개혁사상을 가르칠 수 있다고 보았다. 그래서 그는 라틴어로 된 노랫말을 버리고, 그레고리안 찬트에 의존하지 않는 새로운 음악, 곧 민속음악을 이용했다. 그는 16세기 독일인들이 생활 속에서 즐겨 부르던 민간음악에 가사만 고쳐 부름으로써 개혁신앙 정신을 자연스럽게 보급했다. 이것은 시편송만을 고집했던 칼빈에 비하면 혁명적인 방식이었다. 그러나 루터는 독일 민중이 베 짜고 밭 갈며 부르던 곡에 새로운 가사를 붙여 백성의 마음을 사로잡았다. 루터는 음악의 효능을 누구보다 깊이 절감했기에 음악을 모르는 자는 성직자가 되어서는 안 된다고까지 말했을 정도이다. 한국 교회가 즐겨 부르는 찬송 중 "내 주는 강한 성이요"는 루터가 독일어로 작사, 작곡한 노래였다.

그렇다면 이 노래가 어떻게 우리에게 알려지게 되었을까? 이 노래가 우리에게 처음 소개된 때는 1908년 장로교와 감리교가 연합으로 만든 『찬송가』였다. 262곡을 담아 만든 이 찬송가는 장감 양 교단의 연합 사업으로 출판되었다는 점에서 의미 있는 찬송가였다. 배위량 선교사의 부인(Mrs Baird), 밀러 목사(Rev F. S. Miller), 벙커 목사(D. A. Bunker) 등과 함께 찬송가 편찬위원이었던 호주 장로교 선교사 왕길지(王吉志, Rev Gelson Engel, 1868-1939)는 루터의 찬송을 한국에 소개하기로 하고 이 노래말을 번역했다. 왕길지는 독일 출신이었으므로 루터의 찬송, Ein Feste Burg을 번역하기에 적절한 인물이었다.

왕길지는 독일 뷔르템베르크(Wurtemberg)에

엥겔 선교사와 부인 클라라, 1984

서 1868년 출생하였다. 선교사가 되기로 다짐했던 그는 바젤선교회(Basel Mission) 소속 선교사로 파송을 받아 인도 푸나에서 6년간 봉사하였다. 이곳에서 일하는 동안 호주 여성 클라라 바스(Clara Bath)를 만나게 되었고 그와 결혼하게 된다. 왕길지는 인도에서 생을 마치려는 각오였으나 건강이 좋지 못해 인도를 떠나지 않으면 안 되었다. 할 수 없이 그는 아내를 따라 1898년 호주로 이민하게 되어 호주 시민이 되었다. 멜보른에 정착한 그는 호주 빅토리아장로교회로 이적하였고 1900년에는 호주 빅토리아 주 장로교 여전도회연합회(PWMU)의 파송을 받아 다시 한국으로 오게 되었다. 이때 그의 나이는 32세였다. 처음에는 부산에서 사역했으나 후일에는 평양으로 이거하여 평양신학교 교수로 봉사하였다.

언어에 대한 조예가 깊었던 그는 약 10여 개국의 언어를 통달하였는데, 독일어는 모국어였고, 영어, 불어, 이태리어 등 현대 서양 언어와 희랍어, 히브리어, 라틴어 등 고대 언어와 마라티(Marathi)어, 힌디(Hindi), 우르두(Urdu)어 등 인도 방언들을 유창하게 구사할 수 있었다. 내한한 이후에는 한글은 물론 중국어와 일본어도 독학으로 익혔다. 언어 능력을 인정 받았기에 그는 평양신학교 교수로 초빙을 받았고 히브리어와 헬라어 등 성경원어를 가르쳤다. 박윤선은 그의 제자였다.

왕길지는 한국에서 교회사를 가르친 첫 인물이기도 하다. 그는 음악에도 남다른 조예가 깊었다. 피아노와 오르간은 물론 바이올린을 연주할 수 있었고 교회에서 반주를 하기도 했다. 그는 찬송가편찬위원으로 일하면서 루터의 찬송을 번역하게 된다. 한국어도 유창했던 그는 가사의 뜻을 살리면서도 한국적인 정취를 표현한 것이 "내 주는 강한 성이요, 방패와 병기되시니"였다. 1908년의 『찬숑가』 204장이 었던 이 노래는 그 후 20여 년 간 애창되었다. 1925년에 발간된 곡조찬송가와 1931년에 편찬된 신정찬송가에 다시 수록되었고, 그 후 오늘날까지 우리의 사랑을 받고 있다. 1900년 내한한 왕길지 선교사는 1938년 은퇴하기까지 38년간 한국에서 일했다. 그가 한국에서 은퇴할 때는 한국에서 사용하던 풍금을 가지고 귀국하여 이 풍금을 타며 여생을 보냈다. 나는 그 풍금을 멜보른대학 근처 파크빌에 살던 그의 아들 프랭크 엥겔(Frank Engel) 집에서 보았다.

04
한국 교회 초기 복음성가들

우리의 찬송가를 보면 거의 전부가 서양음악에 바탕을 두고 있다. 곡만이 아니라 가사까지도 그러하다. 지금 우리가 부르는 찬송 대부분이 18, 19세기 미국 혹은 영국에서 불리던 부흥성가였다. 고신대학교 신학대학원에서 교의학을 가르쳤던 화란인 고재수(N. H. Gooties) 교수는 한국 찬송가를 보고 두 번 놀랐다고 말한 적이 있다. 첫째는 시편송이 거의 없다는 점이고, 둘째는 모든 찬송이 영미교회의 부흥성가들이고 한국적인 찬송이 없다는 점이라고 필자에게 말한 적이 있다.

그런데 흥미로운 사실은 기독교가 전래된 초기 우리가 불렀던 복음성가에는 오늘날보다 더 '한국적'인 노래들이 많았다는 점이다. 비록 그것이 찬송가에 편집되지 않았다고 할지라도 신자들 가운데 애창되었다. 이런 노래들은 일종의 한국적 가스펠송이었다.

우리나라에서 작시된 부흥성가들은 우리의 신앙과 정서를 담고 있지만 곡은 여전히 서양의 노래나 찬송가 곡을 그대로 사용하였다. 가사는 작시할 수 있었으나 작곡할 능력이 없었기 때문이다. 우리나라에서 만들어진 성가 혹은 복음송을 보면 하나님, 예수, 성령 등 신앙의 기본적인 가르침에 대한 내용도 있지만, 신유(병고침), 선교, 분투와

승리, 내세 소망, 속죄, 주님과의 동행, 부흥, 재림, 헌금 등의 주제를 담고 있다.

한국 교회에서 애송되던 복음성가에는 몇 가지 특징이 있다. 첫째는 구원, 속죄, 신유, 성령에 대한 노래가 많고, 신학적으로 근본주의적인 성격과 신비주의적 성격이 혼재해 있다는 점이다. 이런 부류에 속하는 노래들로는, '믿기만 하라', '믿고 나가면 승리한다', '예수 피에 잠그소서', '죄인 받으소서' 등이 있다. '죄인 받으소서'의 5절은 다음과 같다.

나의 주 예수여 이 몸 받아 줍시고
주님 피로 씻어서 새몸되게 하시고
내속에 갭소서.

성령에 대한 노래 중 대표적인 것은 '불제단'과 '성산순례'가 있는데, '불제단' 4절은 다음과 같다.

오순절에 불로 오신 성신여
우리 교회 지금 태우사
모든 신자 남김없이 녹이어
리바이발을 주옵소서.

노래는 그 노래가 만들어진 그 시대의 교회와 신학을 반영하는데, 초기 한국 교회의 신앙과 생활을 엿볼 수 있다. 둘째는 내세적 혹은 탈 역사적 성격이 강하다는 점이다. 이점은 1910년대 이후 일제 하의 정치적 상황과 관련이 있다. 대표적인 경우가 이명직 목사가 쓴 '허사가'(虛事歌)이다. 전 12절로 구성된 이 노래는 현세적 삶의 무의미성을 강조하고, 지상생활의 허무함을 노래하고 있다. 허사가의 1절, 4절, 5, 12절을 소개해 본다.

   1. 세상만사 살피니 참헛되고나
      부귀공명 장수는 무엇하리요
      고대광실 높은집 문전옥답도
      우리한번 죽으면 일장의 춘몽

   4. 인생백년 산대도 슯은탄식뿐
      우리인생 무엔가 운무로구나
      그헛됨은 그림자 지남같으니
      부생낭자 헛되고 또헛되고나

   5. 홍안소년 미인들 자랑치말고
      영웅호걸 열사들 뽑내지마라
      유수같은 세월은 널재촉하고
      저적막한 공동묘지 널기다린다.

   12. 우리희망 무엔가 뜬세상영화
       분토같이 버리고 주님따라가

천국락원 영광중 평화의 세계
영원무궁 하도록 누리리로다.

이 노래를 쓴 이명직(李明稙, 1890-1973)은 성결교회의 지도적인 목회자로서 당대의 대단한 부흥사였다. 부흥성가 곡으로 만들어진 이 노래는 한국에서 애송되던 노래였다. 이명직 목사는 『조선야소교 동양선교회 성결교회 약사』(서울, 1929)를 집필하기도 했다.

한국 교회 부흥성가의 세 번째 특징은 교육 혹은 계몽의 성격이 짙다는 점이다. 당시 교회는 미신타파, 부모공경, 금주 단연가 등 의식 개혁을 의도했는데 이런 의지가 가사에 반영되어 있다. 이런 류의 복음송 중에는 기독소년가, 기독청년가, 기독부인가, 기독농민가, 낙원의 가정, 사랑하는 어머니, 사랑하는 내 아들아 등이 있다. 기독소년가에서는 소년은 조선의 희망이며, 이들이 십자가를 들고 나가면 승리한다는 사실을 강조하였다. 1절과 후렴은 다음과 같다.

1. 우리 소년들은 조선싹이니
   봄바람을 만난 우리나라에
   아름답게 자라 열매맺어
   에덴동산을 만들자

후렴
조선아이야 기독소년아
십자가를 높이들고 나가자

삼천만의 마음밭을 갈고서
사랑의 씨를 뿌리자.

'기독청년가'에서는 삼천만 겨레를 하나님 말씀으로 인도하고 이 강산에 눈물을 쏟아 하나님 나라를 세우자고 노래하고 있다. 또 '기독부인가'에서는 성경에 나오는 여인들, 예컨대, 마리아, 마르다 등의 행적을 통해 헌신과 봉사를 강조하고 있다. 보다 직접적인 계몽적인 노래들로는 미신타파가, 부모공경가, 금주가 등이 있다. 미신타파가는 5절로 구성된 노래인데, 1절, 2절, 5절은 다음과 같다.

1. 밥달라고 우는애기 품에안고 울면서
   이집저집 다니면서 애걸복걸 하건만
   한술밥도 아까워서 바들바들 떨면서
   길가에는 푸닥거리 하얀쌀밥 버렸네

2. 말못하는 생나무에 왼새기를 느리고
   만반진수 다해놓고 복달라고 빌면서
   정관재복 입은선비 고박꼬박 절하나
   달라는복 주지못해 나무속다 썩었다.

5. 여보시오 내동포여 이러고도 우리가
   반만년의 역사가진 문화민족 이랄까
   우리들의 복빌길은 한길밖에 없으니

생사화복 주장하는 하나님께 빕시다.

계몽적인 노래 중에 가장 흥미로운 것은, 주로 경남지방에서 구전으로 전승되어온 '가갸 거겨'의 노래인데, 한글을 깨우치기 위한 목적으로 지어졌다. 처음에는 일정한 곡이 있었으나 점차 곡으로부터 자유하는 경향이 나타나 자기 주견대로 흥겹게 노래하는 '자유곡'이 되었다. 가사도 지역에 따라 약간의 차이가 있으나 대강 아래와 같다.

가갸 거겨 가슴위에 거룩한 십자가 지신예수
고교 구규 고락간에 구원의 복음을 전합시다.
나냐 너녀 나아갈길 너무나 멀다고 염려말라
노뇨 누뉴 노아때에 누구나 방주를 비방했다.
다댜 더뎌 다름박질 더딜게 걸으면 뒤떨어진다.
도됴 두듀 도을들고 두발을 맞고서 주를믿게
라랴 러려 라오디게아 교회 미지근 해서 책망받았고
로료 루류 로마병정 루디아 본받아 회개했네.
마먀 머며 마심술을 먹으며 즐기던 방탕생활
모묘 무뮤 모든죄를 무어나 주님께 고백하라.
바뱌 버벼 바람결에 버드나무 가지가 춤을추듯
보뵤 부뷰 보배로운 부활의 복음이 전파된다.
사샤 서셔 사랑하세 서로가 서로를 사랑하며
소쇼 수슈 소망중에 수많은 성도가 사르리라.
아야 어여 아이들아 어서 주께로 돌아와서

오요 우유 오늘날에 우리모두 주님의 증인되자.
자쟈 저져 자랑하세 저나라 저천국 저영광을
조죠 주쥬 좋은소식 주께서 전하라 명령했다.
차챠 처쳐 차세상이 처량하여 보기도 민망함은
초쵸 추츄 초록인생 추풍에 낙엽이 아닌가?
카캬 커켜 카인아벨 컥찍어 죽여서 버렸으니
코쿄 쿠큐 코만콜고 쿠르릉 잠만자면 위험하다.
타탸 터텨 타락자여 터놓은 구원의 길들어서서
토툐 투튜 통회자복 투기심 분쟁심 다버려랴.
파퍄 퍼펴 파도처럼 퍼져서 나가는 복음이라
포표 푸퓨 포도나무 푸르고 무성하여 춤을춘다.
하햐 허혀 하나님의 허락한 천국이 가깝구나
호효 후휴 호호락락 후일의 복락이 내것이라.

우리의 믿음의 선조들은 그 처절한 생존의 길목에서 가슴아파하며 민족의 한을 엮어 노래했던 그 아름다운 가락들, 지금은 서양음악의 거센 도전에 기력을 읽고 이제는 잊혀진 노래로 우리의 기록 속에만 남아 있다.

05
닥터 홀과 크리스마스 씰

언제부터 우리가 크리스마스 씰을 만들기 시작했을까? 누가, 그리고 무엇 때문에 이 우표 같으나 우표가 아닌 크리스마스 씰을 제작하게 되었을까? 이 의문을 풀어가기 위해서는 1890년으로 거슬러 가지 않으면 안 된다.

1890년 10월 14일은 캐나다 출신 감리교 여선교사인 로제타 셔우드(Rosetta Sherwood)가 내한한 날이다. 내한한 그는 서울에 세워진 우리나라 최초의 여성병원인 보구녀관(保救女館)에서 일하고 있었다. 당시로서는 남녀를 한 병원에서 진료하기는 어려웠고, 남자 의사가 사가(私家) 여성들을 진료하는 일은 사실상 불가능했다. 그래서 스크랜톤의 요청을 받고 1887년 10월 20일에 내한한 하워드(Miss Meta Howard)가 정동 이화학당 구내에서 여성과 어린이만을 위한 진료소를 개설하였는데 이것이 보구녀관이었다.

이 이름은 명성왕후가 하사한 이름이었다. 서양인들이 조선의 풍속을 이해하고 여성만을 위한 병원을 열었다고 이를 가상히 여겨 이 이름을 지어준 것이다. 하워드는 미국 감리회의 첫 여의사로 내한했으나 건강의 악화로 2년 후 본국으로 돌아갔고 그 대신 내한한 여의사가 로 세타 셔우드였다. 셔우드는 자연스럽게 보구녀관의 업무를 계승하였다. 병원 일을 맡은 셔우드는 '여성을 위한 의료 사업은 여성의 힘으로'(Medical work for women by women)라는 표어를 내걸고 여성들을 위한 의료 활동을 시작하였는데 후일 이 병원은 이화여자대학교 의과대학 부속병원으로 발전했다.

로제타가 내한한 이듬해인 1891년 12월에는 역시 캐나다 의사 윌리엄 홀(William J. Hall, 1860-1895)이 내한하였다. 의사일 뿐 아니라 목사이기도 했던 그는 평양지방에서 활동하게 되었다. 그는 캐나다에 있을 때부터 로제타와 교제하던 중 약혼한 상태였는데, 이 두 사람은 조선에서 다시 만나게 된 것이다. 이들이 한국에서 같이 일하는 동안 사랑이 깊어졌고, 1892년 6월에는 많은 한국인 구경꾼들 앞에서 결혼식을 올리게 되었다. 서울에서 서양인의 결혼은 처음은 아니었다. 이미 언더우드가 릴리아스 홀톤(Dr Lillias Horton)과 1889년 4월 서울에서 결혼한 일이 있었다. 그러나 서양인의 결혼식은 조선인들에게는 여전히 기이한 풍습이었다.

비록 이들이 부부가 되었으나 부인은 서울에서, 남편은 평양에서 일하는 이산가족이었다. 그러던 중 1894년에는 청일전쟁이 발발하였다. 홀 의사는 전란을 피해 잠시 서울에 와서 지낸 일이 있으나 전화(戰禍)의 화중에 있는 한국인들의 치료를 위해 다시 격전지 평양으로 돌아갔다. 그는 부상당한 이들을 치료하는 일 외에도 당시 만연하던 콜레라와 장티푸스 등 전염병 치료 때문에 과로하게 되었고, 엎친데 겹친격으로 학질까지 발병하였다. 한국인들을 치료하기 위해 평양으로 갔으나 그 자신이 병을 얻고 위험한 상태에 이른 것이다.

결국 그는 환자들을 뒤로하고 평양을 떠나 선편으로 인천을 거쳐 서울로 돌아왔다. 그러나 그는 사랑하는 부인 옆에서 겨우 일주일을 보내고, 1894년 11월 24일, 돌이 지난 아들 셔우드 홀(Sherwood Hall)을 뒤로하고 하나님의 부름을 받았다. 한국에 온지 꼭 3년 만이었고 이때 그의 나이는 34세에 지나지 않았다.

남편을 잃은 로제타 셔우드는 첫 돌을 지낸 아들을 데리고 본국으로 돌아갔다. 이때 임신 7개월째였으므로 가족의 보호가 필요했기 때문이다. 본국으로 돌아간 그는 딸 에디스를 출산했다. 약 3년 후인 1897년 아들 셔우드와 에디스를 데리고 다시 임지인 한국으로 돌아왔다. 그러나 유복녀인 딸 에디스가 1898년 이질로 세상을 떠났다. 한국에서 남편과 딸마저 잃은 그는 동료, 친지의 협조를 얻어 홀 의사를 기념한 기홀(紀笏)병원(The Hall Memorial Hospital)을 평양에 설립하였다. 이 병원은 1897년 2월 포웰 의사(Dr E. D. Follwell)를 원장으로 개원하였다. 자신은 이 병원에서 부인과장으로 일했다. 평양지방 최초의 서양식 병원이었던 이 병원은 북한의 거의 모든 지역에서 찾아오는 환자를 진료하는 병원이 되었다. 이 병원은 후일 평양에 있던 장로교 병원과 통합되어 1923년부터는 '평양연합기독병원'으로 개칭되었고, 우리에게 익숙한 장기려 박사는 후일 이 병원의 첫 한국인 원장이 된다.

이제 우리의 이야기를 한 살 때 아버지를 잃고 성장한 셔우드 홀에게로 옮겨가고자 한다. 1893년 11월 10일 한국에서 태어난 셔우드 홀은 과부인 어머니와 함께 선교지 한국에서 살면서 평양의 외국인 학교에서 초, 중등학교 과정을 마쳤다. 18살 때인 1911년에는 미국으로 건너가 마운트 유니온대학에서 수학하였다. 한국에서 순직한 아버지를 따라 의사가 되기로 작정했던 그는 캐나다로 가서 토론토 의과대학에서 의학을 공부하였다. 그는 아버지처럼 가난한 한국인들을 위해 선한 의사로 생을 살기로 다짐했다. 의학공부를 마치고 의사가 된 그는 역시 의사였던 마리안 버텀리(Marian Bottomly) 양을 만나 결혼했다. 그리고는 아버지를 이어 제2대 선교사로 내한했는데, 그때가 33세였던 1926년이었다. 한국을 떠난 지 꼭 15년 만에 다시 한국으로 돌아온 것이다. 내한한 그는 처음에는 해주 구세병원(救世病院)에서 일했고 그 곳에 있던 의창(懿昌)학교 교장직을 겸하였다.

그에게 있어서 가장 큰 과제는 당시 조선에 풍미하던 폐결핵을 퇴치하는 것이었다. 지금은 암이나 에이즈 같은 것이 무서운 병이지만 당시로는 폐결핵이 가장 무서운 질병이었다. 많은 이들이 이 병으로 죽어갔다. 그러했기에 그는 어떻게 하면 이 병을 퇴치할 수 있을까 고심하지 않을 수 없었다. 그는 결핵의 심각성을 보면서 이를 퇴치하기 위한 구체적인 계획을 수립하였다.

1928년에는 우리나라 최초로 결핵요양원을 세웠는데, 그것이 1928년 해주 교외 왕신리(王神里)에 설립된 구세요양원이었다. 이어서 결핵협회(The Tuberculosis Association)를 조직하였다. 그러나 이것으로 만족할 수 없었다. 보다 근원적으로 이를 퇴치하기 위한 방안을 강구하지 않으면 안 되었다. 고심하던 끝에 안식년을 마치고 돌아온 셔우드 홀은 우표 같은 모양의 크리스마스 씰을 제작하기로 했다. 이 판매 대금을 가지고 결핵퇴치를 위한 연구와 홍보, 교육 기금으로 사용하기로 하고, 1932년부터 크리스마스 씰을 발행하게 된 것이다.

이것은 한국에서의 첫 크리스마스 씰이었다.

씰 제작은 용이하지 않았다. 우선 조선총독부로부터 발행허가를 얻어야 했다. 홀 의사는 씰의 도안은 조선의 민중들에게 열심과 가능성을 고양할 수 있어야 한다고 생각하고, 이순신과 거북선을 그렸다. 거북선은 철갑선이라 불태울 수도 없었기 때문에 임진왜란 때 침입자들을 격퇴시켰던 조선의 비장의 무기였음을 상기시키면서 씰 속의 거북선은 국가의 적(敵)인 결핵을 향해 발포하도록 대포의 방향을 배치하였다.

그러나 이 도안은 일본인 관리의 허락을 얻을 수 없었다. 일본인들은 기억하기도 싫은 거북선을 그려 넣었으니 허락될 리 만무했다. "조선인과 일본인 쌍방이 만족할 수 있는 새로운 도안을 해 오라"는 지적을 받은 홀 의사는 여러 날 고심하던 끝에 거북선만큼 드라마틱하지는 못하지만 그래도 한국인들의 마음에 위안을 줄 수 있는 서울의 남대문을 그려 넣었다. 남대문은 조선을 상징하는 것이고 일본도 반대할 이유가 없다고 보았기 때문이다. 그래서 홀은 남대문은 결핵을 방어하는 성루(城樓)임을 상징한다고 나름대로 의미를 부여하고 관의 허가를 얻게 되었다.

이렇게 제작된 크리스마스 씰은 1932년 가을부터 보급되기 시작했다. 이 작은 시작은 결핵퇴치와 예방, 홍보와 교육활동을 위한 귀한 기금이 되었다. 첫 해의 씰 판매는 예상 밖의 성공을 거두었다고 한다. 홀이 남긴 자전적 기록에 보면 모든 경비를 제하고 3백 50엔의 수익을 남겼는데, 당시 미화로는 1백 70달러였다고 한다. 이 금액은 조선의료선교사협회로 보내졌고 이 기금은 결핵퇴치를 위해 힘쓰고 있는 평양연합기독병원, 함흥의 제혜병원, 여주의 영국교회병원, 그리고 세브란스병원과 해주 구세요양원으로 보내졌다고 한다. 조선에서의 결핵퇴치를 위한 씰 제작은 선교사에 의해 시작되었고 선교사들에 의해 보급되기 시작한 것이다. 그것은 한국인을 사랑했던 한 선교사의 자비의 열매였다. 홀 의사는 1992년 98세를 일기로 하나님의 부름을 받았고, 그 유해는 유언에 따라 양화진에 안장되었다.

06
맹인 전도자 백사겸

한국 교회 초기 인물 중에 흥미로운 한 사람이 '조선의 삭개오'라고도 불린 맹인 점쟁이 출신 전도자 백사겸(白士兼)이다. 예수를 믿고 복음의 빛 가운데 변화된 생애를 살았고, 전도자로 일생을 살았던 사람, 그가 바로 백사겸이다.

1860년 7월 30일 평안남도 평원군 순안면 성주동에서 출생한 그는 부유하지는 않았으나 평범함 가정에서 평화롭게 살고 있었다. 그런데 불행이 찾아왔다. 두 살 때 아버지를 잃었고, 아홉 살 때는 장님이 되었다. 우연한 눈병이 시력까지 앗아간 것이다. 불행은 혼자 오지 않는다는 말이 있지만 어머니마저 세상을 떠났다. 겨우 10살 때 장님, 고아가 되었고, 남은 가족은 위로 형 뿐이었다. 살길이 막막해진 그는 형의 손에 이끌리어 구걸하고 연명하는 거지가 되었다. 그렇게 2년을 보내고, 형은 남의 집 종살이로 갔고, 백사겸은 자립해야 했으나 다른 길이 없어 점쟁이의 길을 가게 된다. 당시 조선의 복술인의 80%가 맹인이었다는 기록을 볼 때, 점치고 경(經) 읽는 복술이 맹인의 천직처럼 받아드릴 때였다. 형의 도움을 입어 4년간 복술을 공부했는데, 복술 선생은 딱한 두 형제의 처지를 알고 복술학습비를 감해주었다고 한다.

15살에 복술인이 된 백사겸은 산통(算筒)과 죽장(竹杖)을 짚고 고향을 떠나 평양으로 향했다. 평양은 인구도 많지만 대동강을 중심으로 빼어난 경치가 많아 유람객이 넘실거렸고, 언제나 성시를 이루니 돈벌기에 좋은 곳으로 여겼기 때문이었다. 비록 앞을 보지 못했으나 상황판단이 빨라 곧 명복(名卜), 곧 이름난 점쟁이가 되었고, 평양 백장님으로 불렸다고 한다. 어디든 자리를 펴면, "백

맹인 전도자 백사겸

장님 왔다"며 사람들이 몰려들어 많은 돈을 벌게 되었다. 단골도 늘어나고 곧 그 지경을 넓혀, 평양, 서울, 이천, 원주 등지를 옮겨가며 돈을 벌었다. 딸을 성한 사람에게 시집보내면 일찍 죽으리라는 점괘에 두려워하던 임씨 성을 가진 양가집 딸과 결혼도 하게 되었고, 앞을 보지 못하는 것 외에는 부족함이 없었다. 점치는 기술에다 화술까지 뛰어나 점쟁이 세계에서 부와 명성도 얻었기 때문이다.

그러나 그는 내면의 소리에 늘 고뇌했고 돈을 벌면 벌수록 양심의 소리를 막지 못했다. 남을 속여서 돈을 번다는 것이 우선 괴로운 일이었다. 점치러 다니는 사람들은 대부분 병이 들었거나 고통당하는 자, 버림받고 상처 입은 자, 혹은 근심이 있는 자, 소첩이나 창기 등 사회적 약자들인데, 이런 버림받은 이들을 속여 돈을 모은다는 점이 양심을 짓눌렀다. 자기 집을 찾는 거지나 고아들을 잘 보살핀 것은 이런 죄

책감 때문이었다. 그러나 그것이 윤리적 갈등을 해결해 주지 못했다.

그런 그가 인생의 전환기를 맞게 된다. 1897년 1월 12일, 그의 나이 37세 때였다. 그의 집에 한 전도자가 찾아왔다. 김제옥이라는 감리교 매서전도자였다. 그는 앞을 보지 못하는 백장님의 손에 전도지를 쥐어주면서, "이것은 예수를 믿는 도리를 말한 책자인데, 한 번 읽어보십시오."라고 말하고 돌아갔다. 이때 백사겸은 "체면을 보아서 받기는 받았으나 독한 벌레가 손에 닿는 듯하여 선뜻하였다"고 회고하였다. 전도자가 준 전도용 소책자가 『引家歸道』(1894)[68]라는 책인데, 백사겸의 부인은 돈 벌지 못하게 할 책이라고 보아 궤짝에 집어 넣어 두었다. 그날 밤 백사겸은 이상한 꿈을 꾸었고, 그 꿈을 이해할 수 없었다. 점치는 일도 이전 같지 않았고, 점치러 온 이를 돌려보내기도 했다. 그러든 중 장인이 찾아왔는데, 부인이 꿈 이야기를 하자, 장인이 그 책을 가져와 읽게 했다. 『인가귀도』라는 책은 중국에 기독교가 소개 된 후 회개하고 전도인이 된 이(李)씨의 이야기를 쓴 책인데, 이 씨가 방탕한 생활을 접고 신자가 되어 성실하고 근면한 삶을 살면서 가정을 다시 일으키고 전도자가 된다는 내용이었다. 이 책 속에 잡신을 버리고 하나님을 구하라는 가르침이 있었다. 이 책을 읽고 백사겸은 기독교로 귀의하기로 결심하고, 23년 간의 점쟁이 생활을 청산하게 된다. 백사겸은 전도인 김제옥이 다시 와 주기를 간청하였다. 그를 보

---

68 '가족을 이끌어(引家) 바른 진리로 돌아간다(歸道)'는 의미의 이 책은 중국에서 문서선교사로 활동하던 영국 선교사 그리피스 존 (Griffith John, 1831-1912)이 중국 대중들에게 전도하기 위해 1882년 저술했는데, 미국 감리교 선교사인 올링거(Franklin Ohlinger, 1845-1919)가 1892년에 한국어로 번역했고, 서울 정동제일교회에 의해 1894년에 출판되었다. 이 책은 우리나라 최초의 기독교 번역소설로 알려져 있다. 이 책은 현재 숭실대학 내 한국기독교박물관에 소장되어 있다.

자 "예수를 믿기로 작정했으니 오는 주일부터 나도 회당으로 데려가 달라"고 했을 때 김제옥은 놀라서, "믿기로 결심하셨다는 말은 고맙지만 정이월이나 지나거든 믿기로 작정하시오"라고 권면했다. 정월과 이월이 지난 후 교회 가자고 한 것은 연초에는 문복(問卜)하러 오는 손님이 많을 때니 생업을 염려해서 한 말이었다. 그런데 백사겸은 당장 모든 것을 뒤로하고 자신이 가진 모든 재산도 스스로 포기하고 그리스도의 품안으로 돌아왔다. 그는 이런 글을 남겼다.

> 하나님 멀리 떠난 몸 지금 옵니다.
> 죄악에 곤한 몸 주여 옵니다.
> 세월을 허송하던 몸 지금 옵니다.
> 눈물로 회개하면서 주여 옵니다.
> 주여 죄로 피곤한 몸 지금 옵니다.
> 사랑의 말씀 믿고 주여 옵니다.

그가 예배 드리로 간 교회는 경기도 고양시의 고양감리교회인데, 그의 통회는 눈물의 회개였고, 그날 예배는 눈물바다가 되었다고 한다. 그는 불의한 방법으로 얻은 재물을 포기하고자 했는데, 약 3천 냥을 강도에게 잃게 되었다. 그럼에도 도리어 기뻐했다고 한다. 양심의 가책에서 해방되었기 때문이었다. 그는 이렇게 감사했다.

> 이 세상의 소망 구름 같고,
> 부귀와 영화도 한 꿈일세.

사망의 바람이 이슬같이 되나
나의 귀한 영혼 영원일세.

죄인 괴수라도 버리잖는
주의 너른 은혜 한량 없네.
십자가의 고난 나 위해 받으신
구주의 품 안에 안김네다.

1897년 5월 2일 고양읍교회는 첫 성례식을 거행했는데, 이날 어른 24명이 세례를 받고 3아이가 유아세례를 받았는데, 백사겸은 이날 아내와 두 아들 남석과 남혁과 함께 세례를 받았다. 스스로 술과 담배도 끊고 아내를 통해 기독교 문서를 접하면서 그의 신앙은 놀라울 정도로 변화되었다. 그의 개종이야기는 선교사들 사이에서도 화제가 되었고, 여러 곳에서 간증요청을 받기도 했다.

백정을 상대로 전도하던 무어(Moore) 선교사 휘하에서 전도하다가 1899년부터 남감리회 리드(J. Reed) 선교사로부터 정식으로 전도사로 임명 받고 방방곡곡을 다니며 40여 년 간 전도자로 일생을 살았다. 그는 고양, 서울을 비롯하여 개성, 장단, 풍덕, 파주, 철원, 김화, 평양에 이르기까지 그의 발길이 이어졌고, 외치는 곳마다 회개의 역사가 나타나고 교회가 설립되었다. 그가 설립한 대표적인 교회가 개성남부교회였는데, 유수한 교회로 발전하였다고 한다.

전도자의 길을 갈 때 박해를 받기도 하였으나 하나님의 동행하심이 분명했고, 강도가 찾아와 회개하는 역사가 일어나는 등 그가 남긴 일화 또한 적지 않았다. 그는 회심한 직후부터 1940년, 80해를 누리고 세상을 떠나기까지 40여 년 간 가정예배와 십일조를 중단하지 않았다고 한다. 그는 육신으로는 눈이 멀었으나 복음 안에서 광명을 찾았고, 그 빛 가운데서 일생을 살았다. 그는 49종의 노래와 20여종의 설교문을 남겼고, 『회심행도가』(回心行道家)라는 저서와 그에 대한 전기 『숨은 보배』라는 책이 1938년 출간되었다. 그는 앞을 보지 못했으나 성경을 암송하였는데 4복음서를 다 암송할 수 있었다고 한다. 이를 확인한 데밍(C. S. Deming, 도이명) 선교사는 감탄을 금치 못했다고 알려져 있다.

참고로 그의 후손을 소개한다면, 그의 두 아들 중 장남이 백남석(白南奭)인데, 그는 개성송고를 졸업하고 도미하여 에모리대학에서 유학하여 석사학위를 얻고 귀국하여 연희전문학교 영어 및 심리학 교수로 활동했다(1923-1934).[69] 또 조선예수교서회(현 대한기독교서회) 편집위원으로 활동했다.[70] 이런 연유로 『敎衆에 대한 職務』(1924), 『루터의 위적(偉蹟)』(1929)을 역간했고, 1931년에는 James Orr의 The Virgin Birth of Christ를 『예수의 동정녀탄생』이란 제목으로 역간하기도 했다. 이 책은 고려신학대학원 고문서관에 보관되어 있다. 뿐만 아니라 그는 동양서원이 Conference Commentary 라는 이름으로 간행한 고린도전후서 주석(1912)과 데살로니가 주석(1912)을 중국어에서 번역하기도 했다.

백남석은 한국 교회 주일학교 운동에도 기여했다. 그는 동요, 시 등

---

69 『연세대학교사』(연세대학교 출판부, 1969), 1291.
70 대한기독교서회, 『창립100주년 기념 화보집, 1890-1990』, 39.

을 통해 자신의 신앙을 고백했는데, 그 중 한편이 현재명이 곡을 붙인 '가을'이라는 노래이다.

1. 가을이라 가을 바람 솔솔 불어오니
   푸른 잎은 붉은 치마 갈아 입고서
   남쪽 나라 찾아가는 제비 불러 모아
   봄이 오면 다시 오라 부탁하누나.

2. 가을이라 가을 바람 다시 불어오니
   밭에 익은 곡식들은 금빛 같구나
   추운 겨울 지낼 적에 우리 먹이려고
   하나님이 내려주신 생명의 양식.

2절 마지막 소절은 본래 '하나님이 내려주신 생명의 양식'인데, 누군가가 '하나님이'를 '대자연이'로 고쳐 교과서에 실었다.

07
자선을 행한 여성, 백선행

한국 교회 역사의 뒤안길을 헤쳐가다 보면 생각지도 못한 귀한 믿음의 사람을 만나게 된다. 마치 보는 이 없고, 알아주는 이 없는 저 빈 들판에도 향기 나는 아름다운 꽃이 있듯이 우리가 미처 알지 못했던 지난 역사에서 믿음의 사람을 만나게 된다. 그 중의 한 사람이 백과부(白寡婦, 1848-1933)라는 여성이다. 이름조차 잘 알려져 있지 않는 이 여성을 '자선사업가'라고 말하기도 하지만, 사실 그에게 '사업가'라는 명칭은 어울리지 않는다. 그는 그저 믿음으로 살았고, 주님 의지하고 살았던 평범한 여성이었다. 의지할 남편도 없는 과부였고, 그 성(姓)이 백(白) 씨였다는 점에서 그저 '백과부'라고 불리고 있을 뿐이다. 그는 진실하게 살고, 남을 헤치지 않는 삶을 살았을 뿐이지만 그의 향기 나는 행실은 오늘 우리에게까지 전해지고 있다.

백과부는 1848년 11월 19일, 경기도 수원에서 백지용의 맏딸로 출생했다. 그 후 평양으로 옮겨갔고, 그가 7살 때 아버지를 여의고 홀어머니 밑에서 성장했다. 16살 때 안재욱(安栽煜)이라는 청년과 결혼했으나 불행하게도 겨우 1년 만에 남편과 사별하고 과부가 되었다. 자식도 없이 어린 나이에 과부가 되었으니 인간적으로 말하면 이보다 더 불쌍한 사람이 없을 것이다. 그가 걸어간 날들이 험난했음을 짐작할 수 있다. 삯바느질과 길쌈은 물론이고 20리나 떨어진 시장에 가서 먹다가 버리는 음식찌꺼기를 가져다가 돼지를 먹이고, 복숭아 씨를 모아 시장에 내다 팔고, 콩나물을 키워 장사도 하고 돈 될 일이라면 못한 일이 없었다. 그러나 주님 모신 믿음이 있었기에 홀어머니를 모시고 온갖 궂은 일 마다않고 그 험한 세월을 헤쳐갔다. '먹기 싫은 것 먹고, 입기 싫은 옷 입고, 하기 싫은 일 하며 사는 것'을 신조로 삼고 억척스럽게 살아가다보니 재산을 모으게 되었다. 그런데 먼 친척 조카뻘 되는 이에게 사기를 당해 그 힘들게 모은 재산을 하루아침에 잃었다. 이때가 26살 때였다. 이런 아픔을 딛고 일어선 것은 남을 원망하지 않고 하루하루를 근면하게 살아야 한다는 소박한 믿음 때문이었다.

1917년 경 그의 나이 70여세가 되었을 때 어느 날 이웃에 있는 땅 거래꾼이 찾아 왔다. 부동산을 취급하는 복덕방업을 당시는 '거간꾼'이라고 불렀다. 백과부에게 돈이 있다는 소식을 듣고 산을 사도록 권하러 온 것이다. 거간꾼은 평양 교외에 좋은 땅이 있으니 사 두면 좋을 것이라는 권했다. 한두 번도 아니고 끈질기게 권하기에 이 할머니는 모아 놓은 돈을 몽땅 건네주면서 대동강 건너편의 강동군 만달면(晩達面) 승호리(勝湖里)의 만달산의 땅을 사기로 했다. 우리로서는 이해할 수 없지만 현지답사도 하지 않고 땅을 산 것은 이웃 사람이므로 그를 믿었던 것이다. 그런데 훗날 그곳에 가보니, 이 어찌된 일인가? 거금을 들여 매입한 땅은 풀 한 포기 없는 돌산이었다. 이웃 사람의 사기가 분하기도 하고 원통하기도 했고, 하늘이 무너지는 것 같았다. 평양시내에는 백과부가 망했다는 소문이 돌았다. 그래도 자신의 탓으로 돌리고 다시 늘 하던 대로 콩나물 장사, 누에치기, 명주옷 만들기 등 그야말로 눈물겨운 나날을 보내며 열심히 일했다.

그런데 얼마 지나지 않아 이 거간꾼이 또 다시 나타났다. 사기꾼 같은 사람을 상대하고 싶지 않았다. 한번 속지 두 번씩이나 속을 수 없다는 생각이 들었다. 그런데 이번에는 그 돌산을 다시 팔라는 것이었다. 좋은 값을 지불할테니 되팔라는 요구였다. 할머니는 사기당한 것은 자기만으로 족하지 또 다른 사람까지 손해를 입게 하고 싶지 않았다. 그 돌산을 누가 살 것이며, 그 산을 산다면 손해 보게 되는데, 다른 이를 손해 보게 할 수 없다고 생각한 것이다. 내가 사기 당했을 때 하늘이 무너지는 것 같았는데, 또 다른 사람에게 그런 낭패를 안겨줄 수 없다고 생각했다. 그래서 팔지 않겠다고 했다.

그런데 그 땅 거래꾼은 포기하지 아니하고 찾아와 땅을 팔라고 거듭 요구했다. 계속 거절하자 값을 더 쳐 주겠다며 더 높은 가격으로 요구했다. 그래도 거절하자 이번에는 백과부가 출석하는 교회 목사님을 찾아가 돌산을 살 수 있도록 도와달라고 요구했다. 그래도 팔지 않겠다고 했을 때 이번에는 돌산을 사고자 하는 사람이 직접 찾아왔다. 그는 조선 사람이 아닌 일본인 오노다(小野田)였는데 당시 알려진 사업가였다. 시멘트 사업가인 그는 백과부가 소유하고 있는 돌산은 시멘트 제조에 가장 우수한 석회석으로 이루어져 있다는 사실을 알고 그 산을 사고자 했던 것이다. 그 돌산의 돌을 깨 시멘트를 제조하거나 토목공사에 사용하면 큰돈을 벌 수 있었기에 그 산을 하고자 했던 것이다. 거간꾼은 백과부를 속여 돌산을 사게 했지만, 이제 그 돌산은 보화를 숨긴 산이었다. 사람들은 믿음으로 사는 백과부를 하나님이 도왔다고 말했다. 그는 일본인 사업가의 간곡한 청을 거절할 수 없어 다시 팔기로 했는데, 땅값은 엄청나게 뛰었다. 평당 70전으로 산 본래 가격보다 무려 20배가 넘는 가격으로 되팔게 된 것이다. 오노다는 이곳에 시멘트 회사를 설립했는데, 이것이 우리나라 최초의 시멘트 회사였다고 한다.[71]

남에게 속아서 풀 한 포기 없는 돌산을 샀지만 남에게 손해를 끼치지 않으려는 정직한 마음이 역으로 땅값을 엄청나게 올리는 결과를 가져온 것이다. 이것은 정직한 자에게 주시는 하나님의 위로였을 것이다.

오늘 우리가 백과부를 기억하는 것은 그가 전화위복을 경험했거나 물질적으로 부를 축적했기때문이 아니라 얻은 재물로 이웃을 섬겼다는 점 때문이다. 그는 자신이 얻는 재물을 제 것으로 여기지 않고 필요한 이를 위해 베푸는 삶을 살았다. 1908년에는 다리가 없어 불편한 평안남도 대동군 고평면에 커다란 다리, 백선교를 준설해 주었고, 1922년에는 평양 모처에 공회당이 필요하다는 소식을 접하고는 3층짜리 공회당을 건립해 주었다. 1923년과 1924년에는 조만식 장로의 자문을 받아 각각 광성학교, 창덕학교, 숭인상업학교에 후원금을 기부했다. 교지가 없어 어려움을 겪는 평양 숭현학교(崇賢學校)에 2만 6천평의 토지를 기부하였다. 그리고 1925년에는 자기의 전재산을 자선 단체에 기부했다. 그가 평생 사회에 기부한 돈은 현재 가치로 약 316억원이 넘는다고 알려져 있다.

---

71 김학준, 『이동화 평전』(민음사), 11.

이때 사람들은 백 과부의 뜻을 칭송하고 그때부터 '과부'라는 이름 대신 그를 '백선행(善行)'이라고 불렀다. 조선총독부는 1925년 그에게 상을 주려했으나 상 받을 일 하지 못했다며 거절했다고 한다. 그는 재산을 얻은 후 30년 동안 '선행'이란 이름이 부끄럽지 않게 사재를 털어 교회당를 짓고, 학교를 세우고, 장학재단을 설립했다. 그는 이렇게 말했다. "돈이란 써야 돈값을 하지 쓰지 않으려면 돈을 모아서 무엇에 쓰나?" 그가 86세의 나이로 세상을 떠날 때, 재산은 한 푼도 남지 않았다고 한다. 그의 장례식은 한국여성으로서는 최초로 '사회장'으로 치러졌고, 장례식에는 1만여 명의 인파가 운집해 한 과부의 죽음을 추모했다. 300개의 화환과 만장 등이 들어선 장의행렬은 2km나 이어졌다고 한다. 당시 평양시민의 3분의 2인 10만명의 시민들이 거리로 나와 평양 백과부의 장례를 지켜보았다고 한다.

열여섯에 과부가 되어 수절한 그에게는 자식이 없었지만, 그를 어머니로 섬기는 청년은 수없이 많았다고 한다. 생각지도 못한 일로 큰 부자가 된 백과부는 그 뜻밖의 재물은 자기 몫이 아니라고 생각하고, 사회를 위해 기꺼이 드렸던 것이다. 그가 주님 안에 사는 믿음의 사람이었기에 그의 선행은 더욱 빛이 났다.

이 백과부가 재산을 자기 소유로만 여기고 은행에 저축했거나 토지에 투자했었더라면 부자라는 말은 들었을지 몰라도 그를 선(善)을 행한(行) 사람이라고 부르지는 않았을 것이다. 그러나 백 선행은 정직하게 살고 정당한 방법으로 돈을 모으고 필요한 곳에 사용했기에 대동강 변에는 '백선행 기념관'이 세워졌다. 백선행은 자본가이고 특히 기독교 신자였음에도 불구하고 2006년 7월 평양에 그녀의 기념비가

복원되었다고 한다. 16살 때 남편을 여의고 과부로 살았으나 오직 주님 안에 있는 소망으로 살았기에 세상 재물에 탐닉하지 않는 자유함으로 1933년 5월 주님의 품 안으로 돌아갔다.

08
김메리 여사와 '학교종이 땡땡땡'

한국인들에게 있어서 애국가 다음으로 많이 알려진 노래가 "학교 종이 땡땡땡"으로 시작되는 '학교종'일 것이다. 이 노래는 누가 어떤 배경에서 지었을까? 초등학교에 입학하면서 배우고 불렀던 이 노래는 누구에게나 고향과 학교와 배움을 회상시켜 주는 추억의 노래로 남아 있다. 이 노래를 배운지 50년의 세월이 흘렀지만 나에게도 이 노래는 뭔가 아련한 고향의 정취와 어머니 품과 같은 포근한 감동으로 기억되고 있다. 그런데 이 노래는 누가 지었을까? 결론부터 말하자면 이 노래는 1930년 미시간대학교에 유학을 떠났다가 1936년 귀국하여 이화여전에서 음악을 가르쳤던 김메리 여사에 의해 1946년 만들어진 노래이다.

김메리 여사는 1904년 서울 승동에서 출생했다. 셋째 딸이라고 하여 삼식(三植)으로 불렸으나 기독교 신자가 된 그의 어머니는 세상에서 예수님의 어머니 마리아보다 더 좋은 이름이 없다며 그를 메리(Mary)라고 부르기 시작했다. 그의 아버지 김익승(金益昇)은 한국인으로 일본 유학을 떠난 최초의 5사람 중의 한 사람이었다. 참고로 덧붙인다면, 한국 여성으로서 첫 일본 유학생은 후일 미술가로 명성을 떨쳤던 나혜

석(1886-1948)이었고, 첫 미국 유학생은 유길준(1856-1914)이었다. 한국개신교 초기 신자이며 일본에서 한글 성경을 번역한 이는 전재(筌齋), 이수정(李樹廷)인데, 그는 일본으로 유학 온 한국 학생들과 교포들에게 전도하여 1882년 말까지 20여 명의 신자를 얻었고, 1884년 초에는 도쿄에 최초의 한국인교회를 설립하게 된다. 이때 그의 영향

'학교종이 땡땡땡'의 작사·작곡가 김메리 여사와 두 자녀

으로 개신교를 접한 사람이 바로 김메리 여사의 선친인 김익승이었다. 일본 유학생 김익승은 손붕구, 박명화, 이경필, 이계필, 이주필, 박영선 등과 함께 기독신자가 되었는데, 1883년 12월 이전에 이미 세례를 받은 것으로 보인다. 일본에서 법률을 공부한 김익승은 한학은 물론이지만 일본어, 영어에 능통했고, 귀국하여 외무대신을 지냈던 엘리트였다. 후에는 관직을 버리고 변호사로 활동했다고 한다.

이런 배경 때문에 김메리는 신앙을 가지게 되었고, 2살 때 서울 인사동의 승동교회에서 유아세례를 받았다. 승동교회 옆에 살면서 풍금소리를 들으며 성장했던 그의 삶의 환경이 음악가로 살아가게 만들었다. 승동교회 유치원을 거쳐 보통학교, 배화학교에서 공부한 그는 13살의 나이로 논산보통학교 교사가 되었다. 1919년 3.1운동으로 많은 교사가 체포되자 고등보통학교 졸업반을 임시교사를 채용해야 했는데, 김메리도 이런 경우였다. 6개월간 교사생활을 한 그는 조혼관

습을 피해 만주로 가서 3년을 지내고 1923년 봄 서울로 돌아왔다. 곧 이화여전에 입학하여 음악을 공부하고 1928년 졸업했다. 같이 공부한 동기생이 이기붕의 부인이 된 박마리아, 부산대학교 설립자 윤인구의 부인이 된 방덕수, 백낙준 박사의 부인이 된 최이권, 그리고 김갑순, 모윤숙, 장영숙, 조현경, 그리고 음악과의 채선엽 등이었다. 채선엽은 작곡가 채동선의 여동생이었다. 이화에서 5년간 공부한 김메리는 1930년 아시아 여성들을 위한 장학금인 바버장학금(Barbour scholarship)으로 미시간대학에서 공부하기 위해 유학을 떠났다. 미시간에서 사회학을 공부한 고황경도 바로 이 장학기금으로 유학했다.

김메리는 처음에는 영문학 공부를 시작하였으나 음악(피아노)으로 전과하고 3년만에 학사학위를 받고, 이어 음악학 석사학위를 얻고 1935년 말 귀국했다. 곧 모교인 이화여전의 음악과 교수가 되었고, 1936년 4월 24일에는 정춘수 목사의 주례로 유학시절 알게 된 재미 동포 조오흥과 결혼식을 올렸다. 김메리는 자신보다 앞서 귀국하여 이화여전에서 윤리학을 가르치던 친구 박마리아를 남편의 친구인 이기붕씨에게 소개하여 이들이 결혼하게 되었다. 후일 이기붕씨는 이승만의 비서로 발탁되었고, 후일에는 부통령을 지내게 되지만 불행한 생애를 마감한 점은 아쉽게 생각한다.

김메리 여사가 이화여전에서 피아노 교수로 활동하던 기간은 일제의 식민지배 하에 있었기 때문에 여러 고초를 겪었다. 황국신민화를 추진하여 신사참배를 강요당하기도 했고, 학교도 어려운 기간을 보내게 된다. 1939년 4월에는 선교사를 이어 최초로 한국인 김환란 박사가 교장이 되지만 1943년 12월에는 '이화'라는 이름을 버리고 이화전

문여자청년연성소라는 해괴한 이름으로 개칭되는 등 시련을 겪었다.

해방이 되자 새로운 변화를 맞게 된다. 일본인이 물러가고 선교사들이 떠나간 공간에서 음악교육은 한국 음악인이 감당해야 할 몫이었다. 이런 상황에서 김메리는 기독교 신자인 현재명, 김성태 등과 음악교과서 제작에 참여하게 된다. 김메리는 초등학교(당시 국민학교) 1학년 용 교과서 제작을 책임 맡게 되었는데, 이 일로 고심하게 되었다. 부르기도 쉽고 경쾌한 노래가 없을까? 멜로디나 리듬, 가사가 쉽고 재미있는 노래, 특히 어린이의 정서를 잘 표현할 수 있는 노래가 없을까? 이 일로 고심하던 중 하루는 전차를 타고 학교로 가면서 학생들이 등교하는 광경을 떠올리고 있는데, 불현듯 그의 머리를 스치는 노래와 가락이 있었다. 그것이 "학교종이 땡땡땡, 어서 모이자. 선생님이 우리를 기다리신다."였다. 가사와 멜로디가 저절로 나왔다. 생각지도 못했는데 가사나 멜로디가 너무도 쉽게 만들어져 자신도 놀랐다. 하나님께서 주신 지혜였다. 가사와 곡을 만들어 아이들에게 들려주었더니 다들 좋아하고 쉽게 부를 수 있어 교과서에 실리게 되었고 그 결과 국민적 노래가 된 것이다. 이때가 1946년이었다.

김메리 여사는 그 동안 남편과 떨어져 살았으나 남편 곁으로 가기위해 미국행을 결심하고 1947년 한국을 떠났다. 그가, 정부 고위직 자녀가 출석이 부실하여 점수를 주지 않는 일로 어려움을 당하게 된 것도 17년간 일했던 이화여전과 한국을 떠나게 했던 이유 중의 하나였다고 한다. 어떻든 미국행을 결심하고 해방 후 처음으로 여권을 받았는데, 처음 여권을 받은 이가 그를 포함하여 오직 33명에 불과했다고 한다.

김메리 여사는 무엇이든지 할 수 있다는 자심감과 개척정신이 있었다. 도미한 그는 이전의 그의 삶의 여정과는 완전히 다르게 디트로이트에 있는 웨인대학(Wayne State University)에 입학하여 화학을 공부했다. 이 공부는 후일 남편과의 사별 이후 자신의 길을 개척해 가는 도구가 되었다. 힘겨운 면학의 날을 보내고 1953년에는 이학사(BS), 1955년에는 이학석사(MA)학위를 받았다. 그의 삶의 여정에서 신앙은 언제나 자신을 지켜가는 넉넉한 힘이었다. 이런 과정에서도 김메리 여사는 1950년 미국 아이오와 주 두북에 있는 브라운출판사(WM. C. Brown Pub. Co.)에서 아리아리랑, 박연폭포 등 한국민요 12곡을 소개하는 Folk Songs of Korea를 출판하기도 했다.

1975년 10월에는 남편이 암으로 사망했다. 슬하의 두 남매가 잘 자라 자기의 길을 가게 되자, 김메리 여사 또한 자신의 길을 가기로 하고 21년간 일했던 미시간의 한 병원 연구소에서 퇴직했다. 그리고 70세 노인이 미국 평화봉사단의 일원으로 아프리카 대륙으로 향했다. 그는 라이베리아 뵈뵈병원에서 일하면서 영어, 수학, 식물학, 동물학, 화학, 생리학 등을 가르쳤다. 병원에서는 혈액학, 요도학을 비롯하여 화학과목을 가르쳤다. 2년간 봉사한 그는 1980년 다시 미국으로 돌아갔다. 이런 그의 헌신적인 활동과 봉사를 기리기 위해 이화여자대학교는 1980년 그에게 명예박사학위를 수여했다. 그는 남을 섬기는 헌신의 삶을 마감하고 2005년 2월 9일 101세의 나이로 뉴욕 맨해튼에서 세상을 떠났다. 그가 음악인으로 더 많은 활동을 하지 못한 것은 안타까운 일이지만 그리스도인으로 그가 남긴 봉사와 헌신은 우리의 기억 속에 오래 남아 있을 것이다.[72]

---

72 이 글의 중요 정보는 김메리, 『학교종이 땡땡땡』(현대미학사, 1996)에 의존하였음.

09
장수철 선생과 '탄일종'

성탄의 계절에 부르는 노래 중에 우리 마음에 남아 있는 노래가 있다면 그것은 '탄일종'(誕日鐘)일 것이다. 지금은 우리 귀전에서 점점 사라지고 있지만 이 노래만큼 사랑받았던 노래도 많지 않을 것이다. 이 노래는 언제 누가 지었을까? 그리고 어떤 환경에서 이 노래가 불려지게 되었을까?

결론부터 말한다면 이 노래를 작시한 이는 최봉춘(崔逢春, 1917-1998) 여사였고, 곡을 붙인이는 그의 남편 장수철(張壽哲, 1917-1966)선생이었다. 이 노래가 공식적으로 발표된 때는 1952년이었다. 한국기독교 아동교육연구회가 1953년 출판한『어린이 찬송가』82장에 편집되어 있던 이 노래가 처음 발표된 것은 아동문학가 오소운에 의하면『크리쓰마쓰 노래 39곡집』이었다고 한다. 이 책이 출판된 때가 1952년이었으니, '탄일종'이 탄생한지 60년이 되는 셈이다. 그러나 이 노래가 작곡된 때는 이보다 앞설 수 있다. 장수철 선생은 강릉 사범학교(1946-48)와 서울 정신여자중고등학교(1948-1950?)에서 음악교사로 일했는데, 따님 장혜실 여사의 증언에 의하면 이 노래가 지어진 때는 강릉 사범학교 시절일 가능성이 높다고 지적한다.

노랫말을 쓴 최봉춘은 황해도 황주 출신으로 황해도 수안군청, 봉산군청 등에서 교화 주사(主事)로 일하다가 젊은 음악인 장수철을 만났고 이들은 부부가 되었다. 장수철은 평양 대동군 율리면 석정리에서 장시욱과 이화정의 9남매 중 장남으로 출생했다. 기독교 가정에서 출생한 그는 1931년 3월 안악공립보통학교를 졸업하고 평양의 요한학교에 입학했다. 요한학교는 미국 북감리회 선교사인 문요한(John Z. Moore: 1874-1963)[73]이 서위렴(William E. Show, 1890-1967)[74]의 협조를 받아 1938년 평양에 설립한 감리교 계통의 학교였다. 장수철은 이 학교를 1940년 3월 제1회로 졸업했다. 이 학교 출신 인물로는 윤춘병 감독(1918-2010), 소설가 전영택 목사, 교회 음악가 구두회(1921-), 박재훈(1922-) 등이 있다. 한국 교회 음악에 큰 자취를 남긴 구두회, 박재훈, 장수철은 다같이 요한학교 동문이다. 그 후 이 세

---

73 1874년 1월 8일 펜실베니아 피츠버그에서 출생한 문요한 선교사는 드루신학교(1903)를 졸업하고 미국 북감리회 선교사로 내한하여 전도 및 교육활동에 헌신하였다. 그는 광성학교(1894년 설립), 정의여학교(1899년 설립) 교육에 관여하였고, 1915년 9월에는 평양여자고등성경학교를 설립했다. 1938년에는 서위렴 선교사와 함께 평양에 '요한학교'라는 일종의 성경 혹은 신학교를 설립했다.

74 1890년 8월 22일 미국 시카고에서 출생한 서위렴 선교사는 오하이오 주 웨슬리안 대학(1916), 콜럼비아대학교 대학원을 졸업(1921)한 후 미국 북감리회 선교사로 1921년 내한했다. 평양광성고등보통학교(1921-27), 해주, 만주, 영변지방에서 전도 및 교육사업에 참여했던(1927-37) 그는 1938년 문요한 선교사와 함께 요한학교를 설립했다. 1941년 일제에 의해 강제로 한국을 떠난 그는 1947년 다시 한국 선교사로 내한하였고 6.25전쟁이 발발하자 미국 군목으로 활동하며 한국군의 군종제도 창설에 기여하였다. 그의 외아들 William Hamilton Show는 1923년 한국에서 출생하였는데, 웨슬리안 대학을 졸업하고 하바드대학에서 박사학위 과정을 이수하던 중 미 해군에 재입대하여 한국전쟁에 투입되었다. 1950년 9월 22일 서울 은평구 녹번리 전투에서 28세의 나이로 사망했다. 그가 어머니에게 쓴 편지에서 이렇게 썼다. "지금 한국 국민이 전쟁 중에 고통당하고 있는데, 이를 먼저 돕지 않고 전쟁이 끝난 후 평화가 왔을 때 한국에 선교사로 간다는 것은 제 양심이 도저히 허락하지 않습니다."라고 전쟁이 끝난 후 그에게 금성을지무공훈장이 추서되었고, 그의 유해는 양화진 외국인 묘지 그의 아버지 옆에 안장되었다.

장수철곡, 탄일종

사람은 동료로서 같은 길을 가게 했던. 음악을 사랑했던 장수철은 일본으로 건너가 동경제국고등음악학교 작곡과에서 공부하기도 했다. 구두회, 백재훈도 그 길을 답습했다.

　장수철 선생은 일본에 체류하면서 더 공부하고 싶었으나 일제 말엽의 상황은 더 이상 일본에서 체제할 수 없게 만들었다. 그는 귀국하여 학병을 피해 평안북도 안주읍 용흥리의 오도산 골짜기로 들어가 양을 치며 가족들과 은둔의 세월을 보냈다. 인가가 없는 오도산 자락 허름한 오막살이에서 낮에는 양을 치고 밤에는 자연을 벗삼아 노래를 짓고 작곡가로서의 꿈을 키웠다. 소망하던 해방을 맞았으나 공산군이

장수철 선생 가족, 1961.
좌에서부터 장수철 선생, 장혜실(장녀, 명지춘해병원 이사장, 성악가), 장우형(차남, 서울장신대학교 교수), 최봉춘 여사, 장일형(장남, 2010년 작고).

진주하게 되고 북한에서 살 수 없게 되자 그는 월남을 결심했다. 그는 모든 것을 버려두고 부인과 함께 사선을 넘었다.

『한국동요음악사』를 쓴 한용희는, 장수철 부부가 1.4후퇴 때 월남했다고 말하지만 이것은 사실이 아니다.[75] 물론 6.25전란의 혼란 속에서 부산으로 대구로 피난길에 오르기도 했으나 해방 후 곧 월남했고, 서울에 정착하고 살았다. 1946년 6월 이후에는 강릉상업학교 음악교사로 일하기도 했으나 1948년 3월에는 정신여자중고등학교 음악교사로 부임했다. 이 무렵 그는 서울 초동교회 찬양대 지휘자로 활동했다. 초동교회는 해방되던 해 10월에 설립된 교회인데, 1949년 11월에는 정대위 목사가 제2대 담임목사로 부임했다. 이때를 전후하여 교회 찬양대 지휘자였던 장수철은 담임목사의 설교에 맞추어 매주일 새로운 노래를 작곡하여 가르

---

75 한용희, 『한국동요음악사』(세광음악출판사,1988), 125. 한용희는 1.4후퇴 때에 월남한 다른 동요작가로는 강소천(姜小泉), 박경종(朴京鍾), 박홍근(朴共根), 한정동(韓晶東) 등이라고 말하고 있다.

치고 지휘했다고 한다. 이때가 작곡가로서 가장 왕성한 시기였을 것이다. 6.25전란의 와중에서 작곡한 노래들이 소실 된 것을 가장 가슴 아파했다고 했다. 탄일종을 작곡한 것은 이 무렵이었을 것으로 추정된다.

장수철 선생은 음악교사로 재직하는 한편 야간에는 중앙신학교에서 수학하고 1949년 6월 제1회로 이 학교를 졸업했다. 이때도 박재훈은 동료였고 함께 신학교를 졸업했다. 배움에 목말라했던 장수철은 미국 유학을 결심했다. 한국 교회 음악의 발전을 위해 헌신해야겠다는 내적인 확신이 있었기 때문이다. 이때 그가 작곡한 '탄일종'을 비롯한 동요나 성가들이 애창되고 있었고 상당한 환영을 받고 있었다. 6.25전쟁기, 그리고 종전 이후 전쟁의 상흔이 가시지 않는 혼란한 와중에서도 '탄일종'은 전국으로 퍼져 나갔고 성탄의 계절을 상징하는 노래가 되었다. 단순한 멜로디, 경쾌한 곡조의 이 노래는 전쟁에 지친 아이들에게는 위안의 노래였고 평화의 노래였다. 이 노래는 외국어로 번역되기 시작하여 10여개 국으로 소개되었다.

장수철 선생은 1953년 조국을 떠나 미국 시카고의 무디성서학원(Moody Bible Institute)에 입학했다. 이 학교에서 종교음악을 공부하고 1956년 6월 졸업했다. 그 후 무디성서학원에서 멀지 않는 시카고의 아메리칸 음악학교로 옮겨가 작곡을 공부하고 1957년 2월 수료했다. 더 공부하고 싶은 열망이 있었으나 한국 교회의 부름을 거절할 수 없어 귀국길에 올라 그해 3월 중앙신학교 교수로 부임했다. 1960년 3월 학기에는 숭실대학 음악과 전임강사로 초빙되었으나 꼭 2년을 교수하고 1961년 12월 말로 퇴직했다.[76] 그가 창단한 선명회합창단 일로 대학에 매여 있을 수 없었기 때문이다.

부인 최봉춘이 가사를 쓰고 남편 장수철이 곡을 붙인 또 한곡이 1956년에 발표된 "주는 나를 기르시는 목자요 나는 주님의 귀한 어린 양"이라는 노래였다. 이 노래는 미국 유학중에 부인이 보낸 시를 보고 곡을 붙인 노래였다. 이 노래 또한 지극한 사랑을 받았다. 그 외에도 장수철은 황금찬이 노랫말을 쓴 '은행잎'을 작곡했고, '보슬비'(함처식 요), '가을맞이'(윤춘병 요) 등을 작곡했다. 현재 남아 있는 작품으로는 성가 45편, 어린이 찬송가 34편, 동요 63편 등 112곡이다.

장수철 선생이 어린이 합창단을 지휘하게 된 것은 그의 삶의 여정에 있어서 특별한 의미를 지닌다. 그는 어린아이들을 사랑했고 이들에게 꿈과 희망을 심어주고자 했다. 이런 내면의 갈망에서 동요를 작곡했는데, 이제는 어린이합창단을 지휘하게 된 것이다. 선명회합창단은 1960년 8월 세계기독교선명회(World Vision) 한국지부에 의해 창단되었는데, 이를 주도한 이가 월드비전을 창립한 밥 피어스 목사(Bob Pierce)였다. 이 합창단 지휘자로 초빙된 장수철은 이 합창단을 한국을 대표하는 세계적인 어린이 합창단으로 육성하였다.

장수철은 지휘자로서도 명성을 얻었다. 1961년부터 활발한 해외공연으로 세계 불우아동을 위한 모금활동을 펴는 한편, 한국의 음악예술을 외국에 소개하는 민간사절로서 크게 활약했다. 1961년 10월부터 1962년 2월까지 미국과 캐나다의 72개 도시에서 100회의 공연을 했

---

76 『숭실대학교 90년사』, 874.

다. 즉, 선명회합창단은 미국 뉴욕의 카네기홀, 캐나다의 로이톰슨홀에서 공연했고, 후에는 호주의 오페라하우스, 오스트리아 비엔나 국립오페라 극장, 일본의 산토리홀, 한국의 예술의전당과 세종문화회관 등 세계 각국의 권위 있는 연주홀에서 연주한 바 있다. 세계적인 리릭 소프라노 홍혜경과 카운터 테너 이동규 같은 음악인이 선명회합창단 출신이다. 선명회합창단은 지금은 월드비전 선명회합창단으로 개칭되었다.

작곡가이자 지휘자로서 한국과 국제사회에 기여한 공로로 장수철 선생은 1963년 3월에는 미국 킹스칼리지로부터 명예음악박사학위를 받았다. 그는 주일에는 교회 찬양대 지휘자로 봉사했는데, 1964년부터는 곽상수에 이어 새문안교회 지휘자로 봉사했다. 부인 최봉춘 여사는 알토파트대원이었다. 총망 받던 작곡자이자 지휘자였던 장수철 박사는 안타깝게도 1966년, 50세의 나이로 하나님의 부름을 받았다. 가장 큰 원인은 과로였다. 그가 선명회합창단을 지휘할 때 하루 일곱 차례 공연한 일도 있었다고 한다. 부인 최봉춘 집사는 81세를 일기로 1998년 세상을 떠났다.

참고문헌

참고문헌

가음정교회,『가음정교회 90년사』창원: 창원가음정교회, 1996.
감부열,『한인중심의 그리스도』서울: 기문사, 1958.
곽안련,『한국교회와 네비우스선교정책』서울: 대한기독교서회, 1994.
길진경,『靈溪 吉善宙』서울: 종로서적, 1980.
김광수 외,『장로교신학대학 70년사』서울: 장로회신학대학, 1971.
김길창,『말씀따라 한 평생』부산: 아성출판사, 1971.
김양선,『한국기독교 해방십년사』서울: 총회 종교교육부, 1956.
김영재,『한국교회사』서울: 개혁주의신행협회, 1992.
김학준,『이동화 평전』서울: 민음사, 1987.
대한기독교서회,『창립100주년 기념 화보집, 1890-1990』서울: CLS, 1990.
민경배,『한국기독교회사』서울: 연세대학교출판부, 1993.
박용규,『평양대부흥운동』서울: 생명의 말씀사, 2000.
백낙준,『한국개신교사』서울: 연세대학교 출판부, 1974.
서명원,『한국교회성장사』서울: 대한기독교서회, 1981.
새문안교회,『새문안교회 100년사』서울: 새문안교회
유영식,『착한 목쟈』서울: 도서출판 진흥, 2013.
언더우드, L. H.,『한국에 온 첫 선교사 언더우드』서울: 기독교문사, 1990.
연세대학교,『연세대학교사』서울: 연세대학교 출판부, 1969.
요나단 고우포드(김용련 역),『1907년 한국을 휩쓴 성령의 불길』서울: 생명줄, 1977.
이덕주,『초기 한국기독교사 연구』서울: 한국기독교역사연구소, 1995.
_____,『한국교회 처음이야기』서울: 홍성사, 2006.
이상규,『부산지방 기독교전래사』부산: 글마당, 2001.
차재명 편,『조선예수교장로회 사기, 상』서울: 조선예수교장로회 총회, 1928.
펜윅,『한국에 뿌려진 복음의 씨앗』서울: 예영, 1994.
한국기독교100주년 기념사업협의회 편,『한국기독교여성 백년사』서울: 한국기독교출판사, 1985.
한무규, "세례문답"「신앙세계」(96. 6).

한용희,『한국동요음악사』서울: 세광음악출판사, 1988.
헌틀리,『한국개신교초기의 선교와 교회성장』서울: 목양사, 1985.

Brown, G. T., *Mission to Korea, Board of Foreign Missions*, PCUS, 1970.
Clark, A. C., A *History of Church in Korea*, Seoul: CLS, 1973
Clark, C. A., *The Nevius Plan for Mission Work*, Seoul: CLS, 1937.
Davis, T. B., *Korea for Christ*, London: 1911.
Fenwick Malcolm C., *The Church of Christ in Corea*, NY: George H. Doran, 1911.
Fisher, J. E., *Pioneers of Modern Korea*, Seoul: CLC, 1971.
Gale, J. S., *Korea in Transition*, NY: Laymen's Missionary Movement, 1909.
Hall, S., *With Stethoscope in Asia*, Virginia: MCL Association, 1978.
Lee, S. G., *To Korea With Love*, Melbourne: PCV, 2009.
Moffett, S., *The Christians of Korea*, NY: Friendship Press, 1962.
Moose, R., *Village Life in Korea*, Nashville: Publishing hhouse of the MEC. 1911.
Palmer, S., *Korea and Christianity*, Seoul: Hollym, 1967.
Quarter Centennial Report, Pyung Yang: Korean Mission of the PCUSA, 1907.

그외「신학지남」, *Korea Mission Field (KMF)*, *The Korea Repository*, *The Korea Review* 등 정기간행물을 참고함.

이 책에 수록된 글의 첫 게재지는 아래와 같다.

제1부 한국에서의 교회, 그 역사의 현장
1. 기독교의 한국전래, 2. 한국 교회의 조직, 3. 선교정책과 의료활동, 「월간 고신」 180(1996. 9)
4. 일제 하의 교회, 5. 신학의 변화, 6. 해방 후의 교회, 「월간 고신」 181(1996. 10)

제2부 한국 교회사의 뒤안길
1. 미지의 나라로, 「월간 고신」 182호(1996. 11)
2. 구도자의 길, 「월간 고신」 183(1996. 12)
3. 무명의 전도자들1, 「월간 고신」 185(1997. 2)
4. 무명의 전도자들2, 「월간 고신」 186(1997. 3)
5. 첫 수세자들1, 「월간 고신」 187(1997. 4)
6. 첫 수세자들2, 「월간 고신」 188(1997. 5)
7. 한글 성경은 어떻게 번역되었을까?, 「월간 고신」 196(1998. 1)
8. 우리나라 최초의 교회 소래교회 (미발표)
9. 이수정과 일본에서의 성경번역, 「월간 고신」 197(1998. 2)
10. 한국 교회의 찬송가, 「국민일보」 2011. 7. 29.

제3부 한국 교회 신앙과 전통
1. 학습제도는 어떻게 시작되었을까?, 「월간 고신」 191(1997. 8)
2. 새벽기도회는 어떻게 시작되었을까?, 「월간 고신」
3. 어떻게 금주, 단연이 한국 교회 전통이 되었을까?, 「월간 고신」 189(1997. 6)
4. 금주, 단연 운동과 금주가, 「월간 고신」 190(1997. 7)
5. 절제 운동과 금주, 단연 운동, 「월간 고신」 190(1997. 7)
6. 날연보는 어떻게 시작되었을까?, 「월간 고신」 198(1998. 3)
7. 성미제도는 어떻게 시작되었을까?, 「월간 고신」 199(1998. 4)
8. 한국 교회에서의 직분의 기원, 「월간 고신」 207(1998. 12)
9. 한국 교회 초기 예배당 양식, 「월간 고신」 204(1998. 9)
10. 교회 종, 「월간 고신」 203(1998. 8)

11. 한국 교회에서의 권징,「월간 고신」206(1998. 11)
12. 최초의 기독교식 결혼식,「월간 고신」205(1998. 10)
13. 사무엘 무어와 백정해방운동,「월간 고신」200(1998. 5)
14. 진주교회와 백정해방운동,「월간 고신」201(1998. 6)

제4부 한국 교회 신앙과 고백
1. 미지의 땅을 향하여: 게일과 그의 아버지,「월간 고신」182(1996. 11)
2. 펜윅 선교사와 '예수 사랑하심,'「오병이어」62(2012. 10)
3. 왕길지와 '내 주는 강한 성이오,'「월간 고신」193(1997. 10)
4. 초기 한국 교회의 복음송가들,「월간 고신」192(1997. 9), 193(1997. 10), 194 (1997. 11)
5. 닥터홀과 크리스마스 씰(미발표)
6. 맹인 전도자 백사겸,「월간 생명나무」325(2008. 10)
7. 자선을 행한 여성, 백선행 과부,「월간 생명나무」400(2015. 1)
8. 김메리 여사와 '학교종이 땡땡땡,'「월간 생명나무」346(2010. 7)
9. 장수철과 '탄일종,'「월간 생명나무」365(2012. 2)